マックス・ヴェーバーの生涯と学問

神からの使命に生きて

黒川知文［著］

YOBEL,Inc.

装丁・ロゴスデザイン・長尾　優

はじめに

人生は出会いによって決まる。

私の人生において、ふたつの大きな出会いがあった。一つは高校時代の神との出会い、もう一つは大学院修士時代のマックス・ヴェーバーとの出会いである。

神と出会って生きる意味がわかり、真に信じ愛し合える方は人間ではなくて、神であることがわかった。神は共にいてくださる。そして、生きる目標は、神からの使命としての職業を通して、神の栄光を現し、永遠に神を喜ぶことを知った。神は、天地を創造して、今も働かれる神である。神の言葉が聖書であるから、聖書を読むことによって神のこころを知ることが出来る。

ヴェーバーと出会うことによって、学問は神からの使命であることを自覚した。また、研究の方法論を知っただけでなく、研究者としての生き方についても学ぶことができた。

これまで何度、ヴェーバーの言葉に教えられ、慰められ、励まされてきたことか。

「自己を滅しておのれの課題に専心する人こそ、かえってその仕事の価値の増大とともにその名を高める結果となるであろう」……研究者としての自分を、この言葉で吟味し、新たな力を得た。

「学問に生きるものは、ひとり自己の専門に閉じこもることによってのみ、自分はここにのちのちまで残るような仕事を達成したという、おそらく生涯に二度とは味わえぬであろう深い喜びを感じることができる」……修士論文や博士論文を完成した時に、この喜びを知った。

「大学に職を奉ずるものの生活すべて僥倖の支配下にある」……確かに私にとって、大学院入試合格、研究テーマの設定、博士号の取得、大学教授への就職は、「僥倖」以外の何者でもなかった。僥倖とは、私にとっては神の導きであった。

「いやしくも人間としての自覚あるものにとって、情熱なしになしうるすべては、無価値だからである」……毎年、これを私のゼミのモットーにして、「情熱と禁欲」の生き方を学生に求めている。私の人生目標でもある。

「われわれの学問領域でもっともよい問題やまたそれのもっともすぐれた解釈は、しろうとの思いつきに負うことが多い」……東欧ユダヤ史から西欧キリスト教史、ロシア正教史、そして文明論、日本キリスト教史へと研究が自由に広がったのは、この言葉による。

「悪魔の能力と限界を知るために前もって悪魔のやり方を底まで見抜いておかなくてはならない」……学会や人生における「敵」に対して、この言葉で対処した。

「いたずらに待ち焦がれているだけではなにごともなされないという教訓を引き出そう。そしてこうした態度を改めて、自分の仕事に就き、そして『日々の要求』に従おう」……九十歳までの人生計画を立てて、年、月、週、日の計画に基づいて、日々すべきことに集中する。このような私のライフスタイルを決定した言葉である。

私だけでなく、多くの者もまた、ヴェーバーと出会い、学問を志した。

二十世紀最大の社会科学者であるマックス・ヴェーバーとはどのような生き方をしたのであろうか。どのような学問を形成したのであろうか。

本書の目的は、キリスト者の観点からマックス・ヴェーバーの生涯と学問を考察することにある。

第一章では、「ひとりの研究者」とヴェーバーとの出会いを小説の形式で描く。

第二章では、ヴェーバーの生涯を、特に信仰の観点から概説する。

第三章では、代表的著作の内容を分析して、ヴェーバーの学問について考察する。

終章には、信仰と学問に関する持論を展開する。

ヴェーバーの生涯に興味を持ち知ろうとしている方、高校生大学生や大学院生で学問を志している方、今の研究に行き詰まりを感じ新たな展望を求めている研究者の方、神からの使命とは何かを知ろうとしている方、生きがいを求めている方、を本書の対象としている。

マックス・ヴェーバーの生涯と学問

目次

マックス・ヴェーバーの生涯と学問

第一章　ヴェーバーとの出会い

小説『ルーアッフ――大学院修士物語』（黒川知文・作）より一部引用

風はその思いのままに吹き、あなたはその音を聞くが、
それがどこから来てどこへ行くかを知らない。ヨハネ福音書三章八節

1

大学院二年目になった。啓一は、教務課で前年度の成績表を受け取り、見ると十四科目全て優であった。大学に入学して以来、全優を取るのは初めてだった。だが、渡田に聞くと、「大学院の成績は学部と違って甘くて、リポートさえ提出すれば優になる。他の院生もほとんどみんな優をもらった」とのこと。聞かないほうがよかった。だが、優は優に変わりない。成績表をコピーして、親に郵送した。すぐに「感激したぞ」という内容の父のはがきが届いた。実に純朴な父。親孝行はやれるときにしておこう。

啓一は、修士課程修了後、どの方向に進むべきかを考えた。ユダヤ史を研究し続けるには、留学し

なければならない。史料があり研究者も多くいるアメリカかイスラエルへ留学する必要がある。だが親の財政状況から言って自費留学はできないので、公的奨学金を取得しなければならない。昨年受けたイスラエル政府奨学金は不合格だったが、今年も受けることにしよう。アメリカ留学も考える。だが、最も重要なのは、立派な修士論文を作成することだ。そうすれば国内の他大学の博士課程にも進学できるだろう。

大学院二年目の履修案内を見ながらキャンパスを歩いていたら、南川と会った。

「ようよう元気か。大平は、誰のゼミをとることにしてるの？」

「今年は修士論文を書きたいので、自分の研究に関する内容のゼミをとるつもりにしてる」

「大平の研究は、確かロシアのユダヤ人問題だな。宗教と民族の歴史か。それならヴェーバーの方法論が役立つかもしれないな」

「ヴェーバーと言えば、確か、去年のガイダンスの時に長田先生が引用していた――どんな人ですか？」

「大平は何も知らないんだね。マックス・ヴェーバーと言ったら、マルクスに並ぶ二十世紀最大の社会科学者だよ。大平は、山中靖先生のゼミを取ればいいよ。山中先生は日本におけるマックス・ヴェーバー研究の第一人者だ。ほら、この雑誌に紹介されているよ」

布製ショルダーバッグから南川が取り出した学術雑誌の五月号に、日本を代表する学者が何人か紹介されている。山中　靖氏は、「東大大学院経済学研究科博士課程終了、経済学博士」という輝かしい略歴の後に「現在の日本における最上知性」とまで賞賛されている。写真がないのでどのような顔の先生かわからない。

「大学紛争の時代には、山中先生は他の先生と学生の立場に立って、教授会に辞表を提出したそうだよ。造反教授。ものにこだわらず、実質的な先生だ。きっと大平に合うと思うよ。性格も研究内容も」

啓一は「ゾーハンキョウジュ」の意味が分からなかったが、即座に山中教授の「ヨーロッパ研究総論演習」を履修することにした。南川が言うように、このゼミで修士論文研究に必要なことが学べるかもしれない。

2

四月十日午前十時に啓一が山中研究室に行くと、すでに四人の院生が集まり、中央の机の向こうに、山中教授が座っている。瓢箪型の顔ではげかかった頭に眼鏡をかけ尖り口の人物。これは絵になる。ネクタイをしないのは、大学紛争時代に学生側を支持した造反教授だったことの片鱗だという南川の話を思い出した。

部屋の三面を囲む本棚には天井まで書物がぎっしりと並べられていて、そのほとんどは外国語の文献だ。荘重な書物の匂いがただよっている。ロシア語書物の匂いとは異なり花の香りだ。部屋の片隅に黄色い花柄の傘が立てかけられている。女子学生の忘れ物だろう。

「私が山中です。このゼミでは、最近のヨーロッパ政治史に関するエール大学教授の英語論文を分担して読んでいこうと考えています。それでもよろしいか。皆さんの意見を尊重しますから、こちらの人から希望を言ってください」

欧米研究専攻の渡田と大西は山中教授の提案に賛成したが、アジア研究専攻の石田と南川は、アジアをも包括した内容の論文を扱ってほしいと言った。

最後になった啓一は、順を待つ間に十二分に考えた結論を、早口で一気に述べた。たぶん聞いてくれないだろう。

「山中先生は、マックス・ヴェーバー研究の日本における第一人者だと聞いて、このゼミを僕は取りました。ですから、ヴェーバーの学問体系が分かる論文を、ぜひとも学びたいと思います。ヨーロッパ政治関係の論文を読むのでしたら、このゼミは取りません」

山中教授はつぶらな目を細めた。

「そうか、わかった。それじゃあ、久しぶりに『プロテスタンティズムの倫理と資本主義の精神』をじっくりとやることにしようか。ヴェーバーの代表作で古典的名著。これだと、欧米に限らず、ロシアもアジアも射程に入っている。皆さんの研究に益すること大だろう。担当を決めて、五月の連休明けから、順に発表してもらうよ。いいね」

自分の意見が聞かれ、啓一はうれしかった。これで南川が言うように、自分の研究の助けとなる論文を読むことができるかもしれない。『プロテスタンティズムの倫理と資本主義の精神』か。名前だけは聞いたことのある本だが、内容については全く知らない。一刻も早く手に入れて読もう。

早速その日、大学生協の書店でこの本を買った。何だ薄っぺらい文庫本じゃないか。図書館で読み始めると、内容がかなり難解であった。これじゃあ、ノートかカードに要点を記していかないと理解できない。

五月の連休の一週間、啓一は下宿にこもった。一日中、この本を読み、重要な文には赤線を引いて抜出し、カードに記し、論理構造を整理して図示していった。一枚のカードに一段落分の要約を書き込み、全体の構造を明らかにしていくKJ法を啓一は採用した。カードは合計七十六枚になった。カードを詳細にとることにより、ヴェーバーの論理構造が徐々に理解でき、作業の後半からは感動を覚えるようになった。それまで求めていた宗教史研究の方法が、この本に明確に集約されていたからだ。

近代資本主義と言う新しい経済上の変革の前には宗教改革があった。思想の変化の後に経済上の変化、そして歴史の変革がもたらされた。これはマルクスの歴史理論とは逆ではないか。この発見に啓一は喜んだ。

それまで、日本の歴史研究は、マルクス主義歴史学の唯物史観が主流であった。それは、経済的状況を歴史の下部構造とし、それを基盤にして研究する方法だ。この方法だと宗教は、下部構造に影響される上部構造の一部に過ぎない。しかし、ヴェーバーの方法は、これとは異なる。確かに歴史は経済的諸状況により左右されるときもあるが、そうでないときもある。宗教が人々の生活倫理になって遵守されたとき、経済状況を変え、歴史を変革していくこともある。その顕著な例が、宗教改革以降にもたらされた近代的資本主義の勃興だ。プロテスタント教徒の禁欲倫理である節約、勤勉、正直等は、近代的職業倫理となった。職業は神からの使命だとみなされた。救いの確証を求めてプロテスタント教徒は禁欲倫理に基づく生活をして、使命としての職業に邁進した。その結果である利潤を増やそうと、合理化、組織化、計画化を実践していく。予期せぬ結果として膨大な利潤が蓄積されて、初期資本主義の出現に大きく影響した。新しい宗教思想が生活倫理となり、それが新しい経済構造を生み出して、近代社会の出現に大きく寄与した。特に予定論を信じるカルヴァン派信徒は、救いを確証するために、禁欲倫理により生活を合理化計画化していった。「呪術からの解放」がそれである。

カルヴァン神学の教会に属する啓一は、誇りをもってこの書を読み進んでいった。共感できる点がほとんどであった。歴史を経済的利害状況と宗教思想の二つの観点から見ていくヴェーバーの方法は、啓一のユダヤ史研究に、応用できる。この方法を用いて、適切な史料さえ手にはいれば、今年中にも修士論文を書くことができる。将来への希望がわいてきた。これは神の導きに違いない。

「およそ人間としての自覚あるものにとって、情熱なしに為しうるすべては無価値である」というヴェーバーの言葉も知り、啓一は研究者として生きる希望を得た。

3

啓一の発表は、六月の最後の週であった。その日、朝八時に開いたばかりの大学生協店で、発表プリント三枚を六人分コピーして山中研究室に急いだ。教授はまだ来ていない。そこで前もって皆にプリントを配布した。『プロテスタンティズムの倫理と資本主義の精神』第一章の論理構造を自分なりに図示してまとめたものだ。プリントの右上余白に、山中教授の似顔絵を描いた。禿頭の瓢箪顔に眼鏡の単純化された顔。

「おいおい、大平、これは、やばいぜ。知っているか？　昨年の山中ゼミで、中途半端にまとめた発表をした学生に、山中先生は、突然、発表をさえぎって『君は僕を馬鹿にしているのですか』って厳しい口調で言ったそうだよ。こ

の似顔絵はやばいよ。大平が叱られても、俺は知らないぜ」

隣に座っていた渡田の言葉に啓一は不安になった。叱られるのだろうか。南川ひとりが窓際でニヤニヤしてプリントを見ている。その時、山中教授が研究室に入ってきた。

「どうも、待たせてすまないね。教務課にちょっと用事があって遅れました。それじゃあ、発表、お願いします。今日は、大平君だね」

啓一は恐る恐るプリントを教授にも手渡して、すぐに説明しだした。

「このプリントに基づいて発表します。僕が担当したのは、第一章問題の提起三の『ルッターの職業観念』です。ヴェーバーは、宗教改革者ルッターが聖書に訳した言葉について、言語学的に分析しています。註を見ると、実に膨大な量の言語の分析が――」

「ちょっと待ってくれ。本題には関係しないが、プリントのこの似顔絵は、誰かね?」

恐れていたことが、あまりに早く起きた。啓一は狼狽する。

「せ、先生です――」

研究室は緊張した。渡田はそれ見たことかと言わんばかりの表情をしている。

「そうか、これが僕か――なるほど、良く似ているようだな。君は漫画が上手だね」

「あ、ありがとうございます」

微笑む山中教授に、こわばった表情で啓一は答えた。研究室の緊張が一挙に氷解した。

啓一は安心して発表していった。

発表が終わり、山中教授のいくつかの質問に、啓一は答えていった。

「ここで言うところの、『宗教的貴族主義』とは、何のことかね？　階級や身分としての貴族のことかね？」

「いいえ、階級や身分といった歴史学の用語ではなくて、これもヴェーバーの造語だと思います。いわば禁欲倫理によって武装された黒光りするような信仰に誇りを持つプロテスタントの、特にカルヴァン派信徒の態度のことを、言っているのだと思います」

「ほう、『黒光りする』とは、うまい表現だな。君はこの本をよく読んでいる」

「先生、実は、僕はプロテスタントで、カルヴァン神学の流れの教会に行っています。だから、ヴェーバーの理論に心から共鳴できます」

「そうか。そりゃいいね。君はこの本を読んで、自分の信仰のルーツも明らかにすることができるよ」

啓一の発表は、非常に良くまとまっていてわかりやすいと教授から評価された。

ゼミが終わりほっとして一階に下りて外を見ると、雨が降っている。傘を持っていないので、啓一は雨が止むのを待ったが、なかなか止みそうにない。そこで食堂まで走ろうとした時に後ろから呼び止められた。

「君、傘がないのだろう。僕の傘に入りたまえ」

山中教授が啓一に、傘をかざす。見ると、研究室の隅に置いてあったあの黄色い花柄の傘だ。なんでまた、山中教授という大学者が少女の傘を持っているのだろうか？

「先生、これは、先生の傘ですか？」

「いや、違うよ。娘のだ。かわいい娘がひとりいてね」

傘から目を落とすと、教授はバミューダに黄色のサンダルを履いている。学生と変わらない。教授が身近に感じられる。

食堂までの道々、教授に自分の研究についてたずねられて、それに答えると、参考になる書物や論文をも教えてくれた。

真の学者は権威者ぶらない。外見ではなく実質で、学問的業績という実力で勝負する。山中教授のような人になりたい。ぜひとも山中先生に研究を指導してもらおう。

大学院に入って二年目に、啓一は学問に生きるという目標を持つことになった。

図１　ヴェーバー関係地図

第二章　ヴェーバーの生涯

ヴェーバーの生涯に関しては、『伝記』（マリアンネ・ヴェーバー『マックス・ヴェーバー』みすず書房、一九六五年）と、『手紙』（『青年時代の手紙』上、下　文化書房博文社　一九九五年）の二点がある。いずれも同時代史料である。

『伝記』は同時代に書かれた膨大な資料集である。だがヴェーバーの妻マリアンネが編者であり、彼女自身の半生の伝記にもなっている。その点、やや客観性に弱点がある。

『手紙』は上下二巻から成り、十三歳から三十歳までの限定された期間におけるヴェーバーの手紙である。手紙の受取人は、ヴェーバーの両親と弟妹、親戚のバウムガルテン家の人々が大半を占める。

本章では、貴重な第一次史料であるこの二文献を基本文献にする。(1)『伝記』は膨大であるために、逐次引用箇所は示さない。また「ヴェーバー」「ウェーバー」、「ルター」「ルッター」「ウェスリー」「ウェスレー」は同一人物であるために並記した。

第一節　幼少期（一八六四－一八八〇年：〇歳－十六歳）

時代状況

マックス・ヴェーバーが生きた十九世紀後半から二十世紀初頭は、ドイツ史においてはビスマルクの時代からヴァイマール体制への変化の時代になる。一八六二年九月二三日にビスマルクがプロイセンのヴィルヘルム一世により首相に任命された。ビスマルクは「現下の大問題は言論や多数決によっては解決されない。それは鉄と血によってのみ解決される」と言う有名な演説を行い、軍事力により領土を拡大していった。

プロイセンは普仏戦争に勝利し、一八七一年一月一日にはヴェルサイユ宮殿でヴィルヘルム一世の皇帝即位布告式が挙行され、新ドイツ帝国が成立した。四月十六日には、立憲君主制と連邦制を基礎にした帝国憲法も発布された。この頃のドイツの経済成長は一八五十年以降順調な歩みを見せ、鉄道建設が進み、都市も拡大していった。一八九四年にドイツの

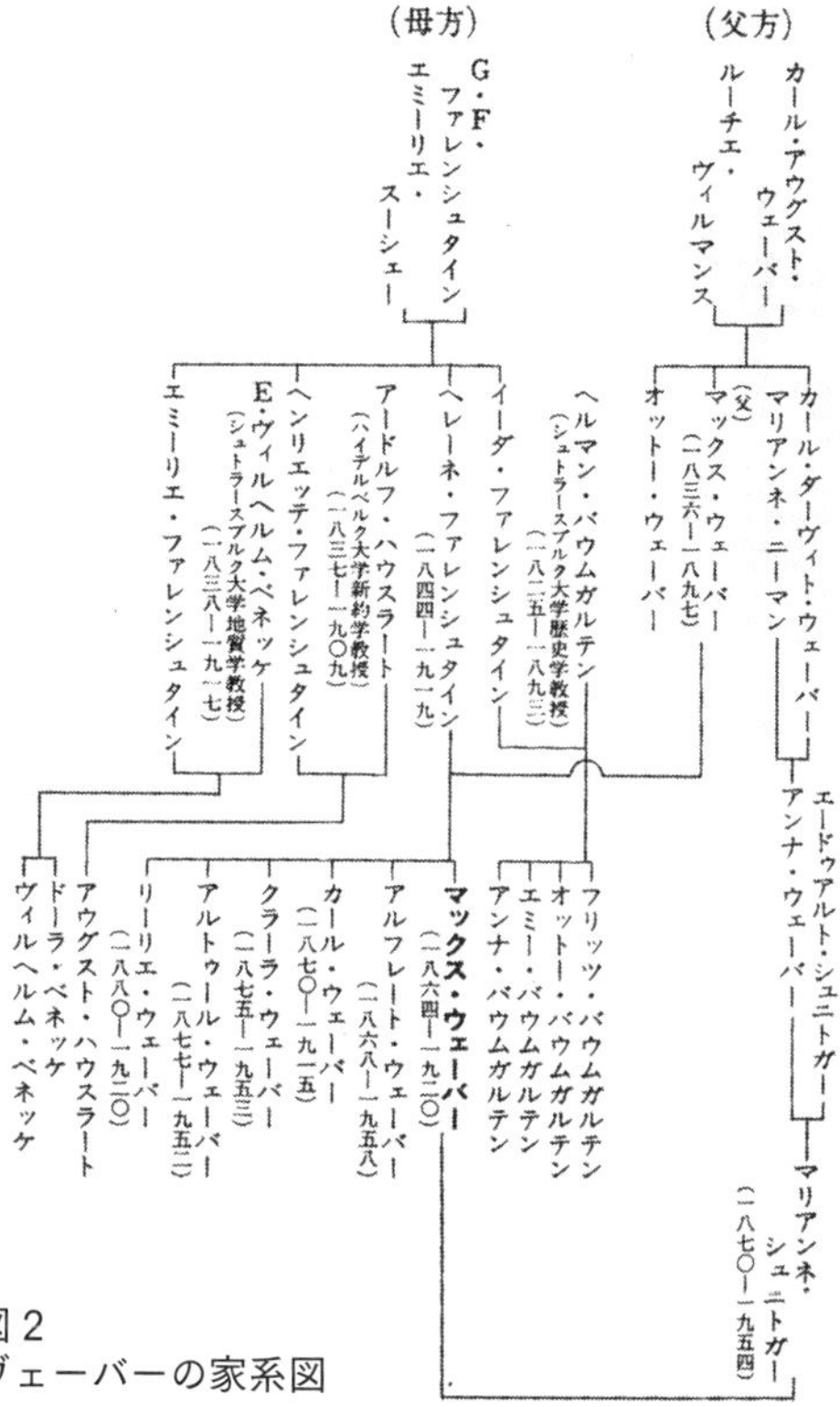

図2
ヴェーバーの家系図

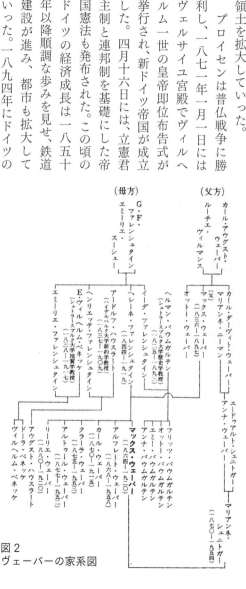

産業は第二の好況期を迎えた。ビスマルクは労働者に対しては、完備した社会保障と社会主義者鎮圧法という「アメとムチ」の政策を採った。また、一八七一年から七八年にかけて、ビスマルクはローマ教皇ピウス九世との間に、法律により教会権力に対して国家権力を強化する文化闘争を試みた。だが教皇の反対にあい、闘争を打ち切った。

図3　父ヴェーバー

父

父方は、「福音主義的信仰（ルター派）」のためにザルツブルクから追放された人々である。祖父はビーレフェルトの商人貴族であり、麻布商人として活動し「市民気質の典型的特徴」を継承し「初期資本主義的企業家のモデル」であった。

父のマックスは、一八三六年、ベルリンに生まれ、法律を学び法学博士になり、一八六〇年頃にはベルリン市庁に勤務し、他方、自由主義的な週刊紙の編纂をしていた。彼は民主主義者ではなく「父マックスの強力な君主政治と国民に保証された権利の完全な承認」のために戦う分離小党である立憲党に所属していた。一八六二年にエルフルトに移り市参事会員で財務官の地位を得、翌年にヘレーネと結婚した。一八六四年に八人の子供の内の最初の息子であるマックスが生まれた。一八六九年に家族と共にベルリンに移り、彼はベルリン市参事会員としてベルリンの中央選挙委員会の書記、そして国民自由党の代議士になり、プロシア議会（一八六八－一八九七年）、ドイツ帝国議会（一八七二－八四年）において活躍した。ベルリンでは、リベラルな知識人や有力政治家を家に招き、交流した。父は「現世に満足した幸福主義的人生観」と「家父長的ブルジョワ的傾向[2]」にあった。

母

母方の祖父はチューリンゲンの名門貴族ファレンシュタイン家に生まれ、勤勉で献身的な官吏の典型的な人間であった。母方の祖母は、フランクフルトの亡命ユグノー（フランスのカルヴァン派）である商人貴族の裕福な家庭の娘であった。「誠実で正直で実直であるという名誉以外に、この世のいかなる利得も価値はない」という禁欲倫理が四人の娘に継承された。「世俗と少しも妥協せず、ただ一途にキリストの教えにしたがって生きようとする堅い信仰」と南ドイツの「はげしい強熱的なねばり強い気質」が母ヘレーネに継承された。信仰は、「ドグマティックな」北ドイツのルター派正統的信仰とは反対の「自由主義的」キリスト教信仰であった。さらに、母方は学者を生んだ家系であった。母の義兄アードルフ・ハウスラートはハイデルベルグ大学新約学教授、義兄E・ヴィルヘルム・ベネッケはシュトラスブルグ大学地質学教授であった。また、精神的疾患者を生み出す家系でもあった。母の姉妹、祖母も神経障がいを持っていた。

図4　母ヘレーネ

祖父は一八四七年に隠退して、ハイデルベルクのネッカー河岸に邸宅を建てて移り住んだ。祖父の友人である歴史家ケルヴィヌスも同居していた。母のヘレーネは、一八四四年にハイデルベルクで生まれ育った。ヘレーネが一六歳の時、祖父の死後も同居し娘たちの面倒を見ていたケルヴィヌスに強引に言い寄られ、ヘレーネは拒絶した。ケルヴィヌスはさらに彼の知人との結婚をヘレーネに強制し、それを避けるためにヘレーネはベルリンにいる姉イーダの許に身を寄せた。そこでイーダの夫ヘルマン・バウムガルテン歴史学教授の友人である政治家マックスと知り合って、二人は姉の家で婚約した。

一八六三年、エルフルトで結婚した後も、少女時代の経験から、母は、性に対する嫌悪を強くもっていた。母は優しく「情緒的」な性格で、宗教的かつ倫理的な女性であった。マックスの深い個人主義的ヒューマニズムと、きわめて高遠な倫理的要求は、母に由来するものであった(3)。

図５　エルフルトの生家近辺

誕生

一八六四年四月二十一日、両親が結婚した翌年にエルフルトで長男が生まれた。父は二八歳で母は二十歳であった。生れた子に父の名前マックスが与えられた。その後、二年ごとに七人の子供が生まれたが二人は早逝し、四人の息子と二人の娘が成人した。後に弟のアルフレートもカールも大学教授になったが、カールは第一次世界大戦で戦死した。

大きな頭

マックスが生まれた時、頭が大きすぎて難産であったために、母は熱を出し授乳できなかった。マックスは幼い時から自分一人で遊び、特に汽車ごっこに熱中していた。「この子は大抵一人で遊んでいます。……何時間も遊び、しかもそのあいだひっきりなしにおしゃべりしています」と母は記している。

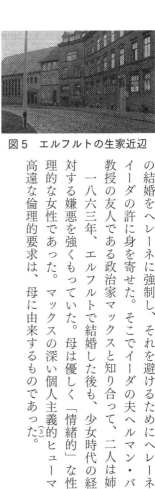

一歳のときに片側の脳膜炎にかかり、医者はマックスの肥大する頭を見て「脳水腫になるか、そうでなければこの盛り上がった頭蓋が将来たくさんの知識を包容し得るようになるか、いずれかだろう」と予言した。後者の予言が的中したことになる。神経的不安はその後もあらわれ、幼い頃には海水浴を怖がった。母が無理やりマックスを冷たい北海の水の中にひっぱっていった結果でもあった。

五歳の時に、父がベルリン市参事会員になりベルリンに移住した。ベルリンのシャルロッテンブルク区のライプニッツ通りにある家に移り住んだ。マックスは、幼少時代のほとんどを、大都会ベルリンで過ごしたことになる。その頃になると同い年の友人と遊ぶようになるが、水泳や体操やスケート以外のスポーツは苦手であった。

母との関係

母は長男であるマックスを厳しくしつけた。特にマックスがキリスト教信仰を持つように、倫理的な圧力をかけた。母は子供に説教する癖があり、マックスは母の模範的な説教に、「自分の劣等意識から反抗に逃避した」。母は、福音書の精神力に支配され、奉仕愛と自己犠牲が「第二の天性」になっていたが、マックスに対しては、「窮屈で非寛容」でもあった。母は、マックスには宗教的感動が欠けていて自分を避けようとしていると感じた。

図6　5歳のマックス

他方、マックスは、母に愛されている実感がなく、母に対して心を開かなかった。マックスは反抗期にあったと考えられる。

五歳の時に母と弟と撮影した写真を見ると（図6参照）、弟アレフレートを抱く母に、もっと自分を愛してほしいと求めているように見える。

旺盛な知識欲

マックスは、八歳からベルリンの名門私立学校である王立カイザーリング・アウグスタ・ギムナジウムで学んだ。

「知識欲は活発」であった。九歳の時、学校から帰宅すると宿題をすぐに片づけて、自主的に歴史やラテン語を学んだ。だが、近所の子供達ともよく遊び、「頬っぺたを赤くしていた」。午後は、毎日三十分間、ピアノのレッスンをし、「指は動くし耳は確か」であった。かなりうまくピアノを弾いたようだ。

また手紙を書いたり、新聞のようなニュースを作成するのが好きであった。

猫が好きで十二歳の時には七匹以上の猫と遊び「数知れぬ猫どもが好き勝手なことをしている夏の庭の香が嗅がれる」状況であった。夏には父と弟たちとドイツ各地を歩いて旅行した。父は家にベルリン在住の政治家や学者を招いてパーティーをよく開いた。多くの著名人が出席して、幼きマックスも彼らと交流した。このような知的環境もマックスの知識欲を満たすのに大きな役割を果たした。

マックスは「自発的に手当たり次第に勉強した」。特に歴史と古典文学に興味があり、ギムナジウムに入ると、哲学書、特にスピノザ、ショーペンハウア、カント、マキャヴェリ、ルター等の著作を読んだ。十三歳の時には、自分でドイツの歴史地図を作成し、歴史論文も書いている。論文題は「ドイツ史の経過について、特に皇帝および法皇の位置との関連において」と「コンスタンティヌス帝から民族移動時代にいたるまでのローマ皇帝時代について」である。翌年にさらに論文「インド・ゲルマン諸国民の民族的性格、発展、歴史についての考察」を執筆した。西洋古代史に興味があったことがわかる。

マックスは、学校のための勉強は「ほとんど全然しなかった」。四十巻のゲーテ全集を読み、授業で教師に難問をつきつけた。それに答えられない教師にとり、彼は「不気味な存在」であった。

マックスは、わからないことを徹底的に研究し、その知識を人に伝えることを喜びとしていた。他方、友人にとっては「よい仲間であり全然高慢なところがなかった」。また「神童」のように見えた。

図７　14歳のマックス（左）

「早熟な独自な理解力と驚くべき精神の強さ」それが批判精神を強め、マックスは著名な思想家や歴史家であるホメロス、キケロ、リウィウス、ヘロドトス等を自由に、厳しく批判した。また「自由主義的」なギムナジウムの教師の宗教史の講義に影響されて、旧約聖書を原語で読もうと自発的にヘブライ語を学んだ。自学自習が習慣化されていたことがわかる。

堅信礼

一八七六年、十三歳の時から十七歳までにマックスが出した手紙は、合計十七通に及ぶ。そのうち八通は六歳年長の従兄フリッツ・バウムガルテン宛てである。手紙の分量も多く、ホメロス、ヘロドトス、キケロ等の批判が主に展開されている。知的にはかなり早熟であったことがわかる。

一八七九年、マックスは十五歳でベルリンのプロテスタント教会で堅信礼を受けた。堅信礼は、幼児洗礼を受けた者が成人となった時に、神への信仰を表明するプロテスタント教会の儀式であり、受けた者には聖餐式に与る資格が授与される。いわば、公的な信仰告白である。したがって、すでに幼少期にマックスは教会の礼拝に忠実に出席していたことが推定される。

堅信礼を受ける際、マックスのキリスト教信仰が認められる。フリッツにあてた一月十九日の手紙で、堅信礼を受けることについて、以下のようにマックスは書いている。

実際のところ、全然何ら確信もなければ、彼岸への希望を何らもたないと正直に主張できる人間はまったく極度に不幸な人であるに相違ないとおもいます。なぜなら、そのようにあらゆる希望なしに、一歩一歩はただまったき解体に、つまり永久に生命の結末をつける解体に近づくに過ぎないと信じて人生を遍歴することは、実に恐ろしい気持ちであり、人間からあらゆる希望を奪うに相違ないからです(4)。

彼岸、すなわち天国への希望がなければ人は滅んでしまい、あらゆる希望もなくなる。マックスが、聖書の救いの教えを正しく理解していることがわかる。さらに神に対する懐疑についても述べている。

どんな人間も懐疑を抱くことがあるということは、自明です。そしてわたしはこうした懐疑こそ、克服されると、それだけいっそう信仰を固めるのに役立つとおもいます……わたしもまた、自分が人生の、如何に重大な岐路にいるかを自覚していることを信じてください。(5)

神への懐疑が克服されたら、信仰がさらに堅固になる。マックスが、形式的にではなくて、聖書の教えを十分理解して、堅信礼に臨んでいることがわかる。

堅信礼を受けた後、四月二日には祖母に堅信礼を受けた感想を以下の様に述べている。

堅信節はとても素晴らしい日でした……日曜日の朝は太陽が雲間から現れ、心身ともに暖かでした。わたしは、こんな素晴らしい日を二度と忘れることができません。堅信礼はとても素晴らしく、厳かで、わたしたちすべてに大きな印象をあたえました。わたしがいただいた聖言は、『主は霊である。そして神の霊のあるところには自由がある！』です。四月一日、火曜日にはその後聖餐式がありました。(6)

堅信礼の日の天候から始まるこの手紙では、堅信礼がマックスにとって忘れられないものであったことがわかる。また、彼に与えられた第二コリント書三章十七節の「主は御霊です。そして、主の御霊がおられるところには自由があります」は、この後の人生行路から見て、実に、マックスに適切なものだと言える。マックスは、自由に真理を求める学者の道を歩んだからである。

このように、マックスは信仰者として、聖餐式も守り、模範的な信者であったことがわかる。

同年、八月九日にフリッツにあてた手紙には、キケロについて批判されている。その中で、マックスは、キケロの娘が死んだ後にキケロに宛てられたセルウィウス・スルピキウスの慰問の手紙を「非常に美しい」と評価し、「そこには、無常のものと永遠のものにかんする美しい、ほとんどキリスト者的な考えがあります。要するに、これらの手紙を読むことは、とても大きな楽しみです[7]」と述べている。

このようにマックスは、キリスト教の観点から他の思想を見ており、永遠に関するキリスト教の考えは美しいものであり、大きな楽しみでもあると考えていることがわかる。

両親の不和

マックスの家庭は、愛にあふれたものではなかった。父は「典型的なブルジョワ」で、家庭内では精神的権威であると自認して、いつも自分は正しいと思っていた。また自分は偉くて尊敬される権利があると考え、子供の教育は母任せであった。母の遺産も父が管理した。

母には少女時代に忌まわしい経験があったため、出産後、父との性的関係を拒否した。それは母にとって「喜びの源泉ではなく、苦しい犠牲であると同時に、子供を産むということによってのみ是認される罪」であるからだ。出産以外の夫婦生活は控える——これは厳格なカルヴァン派信徒の特徴でもあった。

父母の間には愛や信頼関係はなかった。特に、一八七七年に娘のヘレーネが五歳で亡くなって以来、母は悲しみの中にあり家庭で孤立した。父は、そういう母を慰めずに無視した。祖母が亡くなり莫大な遺産を母が得ても、母は自由に使えず、家庭の財政は父が握っていた。だが、父に抵抗することなく、母は暗黙の非難で忍耐していた。そしてマックスに父に対する苦情を告げ、自分のために父に抵抗することを求めた。だが、マックスは幼少の頃は、政治家として社会的に活躍する父を尊敬し、信頼していた。そういう父に反抗することはできない。

一八七九年六月二二日の手紙では、故郷のハイデルベルクに一時滞在中の母に対して、マックスは家のさびしい状況を説明して「家で詩的な静けさのなかで腰をおろしていると、わたしとしては、たしかに喧噪下のハイデルベルクの母上のおそばに行きたくなります」[8]と述べている。さらにフリッツから手紙の返事が来ないことを述べるが「しかし、ちょうど父上がわたしをお茶に呼んでいますので筆をおきます」[9]との言葉で手紙を終えている。

何らかの理由で母は里帰りしていて、両親の冷えた関係を伺わせる内容の手紙である。両親の不和は、マックスのその後の内的葛藤の要因になったと考えられる。

第二節　青年期（一八八二―一八九一年：十八―二七歳）

時代状況

ドイツ帝国は、対外的には一八八二年と一八八七年に、中部、東、南アフリカに広大な領土を手に入れた。帝国は、オーストリア・ハンガリー帝国とロシア帝国との間に三帝協定を締結し、イタリアとオーストリア・ハンガリー帝国と三国同盟を締結し、さらにフランス以外のヨーロッパ主要国と同盟を結び、「ビスマルク体制」が完成された。

一八八八年に皇帝ヴィルヘルム一世が世を去り、短命のフリードリッヒ三世の後に皇帝ヴィルヘルム二世が後を継ぐと、彼は社会政策に関してビスマルクと対立した。一八八九年のエッセンとゲルゼンキルヒェン鉱山労働者十四万人によるストライキに対して、ビスマルクは社会民主党を追放する権限を警察が持つという内容の追加法令付き社会主義者鎮圧法を、議会に提出した。だが否決された。

このような状況の中で、一八九〇年、皇帝ヴィルヘルム二世はビスマルクの辞任願を受け入れて、ビスマルクの時代は終わった。

図８　ハイデルベルク大学図書館

ドイツ国内では、日常的に大きな変化が見られた。出生率が高まり婚姻も増加していた。行動様式にも変化が見られ、息子は父親に反抗し、若者は老人を尊重しなくなった。

ハイデルベルク大学

ギムナジウムの最終試験は、際立った成績であったが、マックスは教師に対して敬意を欠き、教師は彼の道徳的成熟に疑念を表明した。マックスの批判精神の強さに帰因すると考えられる。

一八八二年、マックスは十八歳でハイデルベルク大学に入学した。ハイデルベルク大学は一三八六年に設立されたドイツ最古の大学である。ネッカー河畔ハイデルベルク城を遠くに眺めるキャンパスを持つ。ハイデルベルク大学は、当時のドイツでは最も自由で国際的な大学であり、中欧やロシアから移民した様々な宗教を持つ教授や学生が数多くいた。

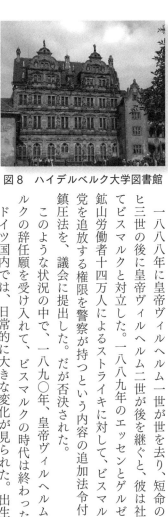

マックスは、一八八二年四月から一八八三年九月までのハイデルベルク大学時代に、ベルリンの両親に宛てて一七通の手紙を書いている。そのうち六通は父宛に、十一通は母宛てである。圧倒的に母宛ての手紙の数が多い。内容をみると、母には日々起きたことを中心に学生生活を、父には主に大学で学んでいる講義内容と教授のことを、さらに経済的窮状を正直に訴えている。

マックスは、祖父の地所のそばにあるハイデルベルク城に面した下宿に居住した。四月二十四日に父に以下の手紙を送っている。

部屋は一階にあって、南向きに四つ窓があり、ちょうどうちの食堂位の大きさです。花台、書物机、本棚のそばに大小の戸棚、ソファ、テーブル、安楽椅子、腰掛がついています。幻想的な要塞、粉砕された塔といったものを描いたムリリョの作品が二つ、三つ部屋を飾っています。この部屋に続く小部屋にベッドと洗面台があります。父上がおいでになったら、きっと快適にお泊めできます。……とにかく、当地はとても快適で、当地で勉強させて下さる父上に心から感謝しております。ちなみに――「神の大いなる栄光のため」"in majorem Dei gloriam"に――わたしの特別の名誉のために、夜ふけまで目を閉じることができなかったのに日曜日一日中元気だったこと、今日はだれにも起こしてもらわなかったのに(!)七時に起きたということを特記したいと思います。(10)

家具付き二部屋にムリリョの作品が掛けられていたとある。バルトロメ・エステバン・ペレス・ムリリョ(Bartolomé Esteban Perez Murillo, 一六一七 - 一六八二年)は、十七世紀のスペイン黄金時代美術の歴史を代表するスペインの画家であり、カトリック教徒であり聖母マリアの宗教画が多い。また、「神の大いなる栄光のために」とマックスは信仰的な言葉を引用している。

大学生活が始まった。マックスは、法律学を専攻科目として、歴史、経済学、哲学、そして人文科学のあらゆる学問を熱心に学んだ。神学生である年長の従兄オットー・バウムガルテンに影響されて神学も学んだ。なお、オットーはハイデルベルク大学神学部で学んだ後、一八八八年にベルリンに行き、そこで孤児院の牧師となった。一八九〇年にはベルリン大学の私講師に、同年イエーナ大学の員外教授になった。一八九四年には、キール大学神学部の正教授になった。

五月二日にマックスが母へ宛てた手紙に、学生生活についての説明がある。

とにかくいま、わたしは気ままな生活をしています。講義、学籍登録、フェンシング課程、フェンシングの道具にお金がかかるため、無茶をすることは許されませんが。十二時近くで昼食をとり、ときには四分の一リットルのぶどう酒かビールを飲みます。それから二時まではよくオットーとイクラートさんと手堅いスカートをやります。……そのあとで、わたしたちはそれぞれの部屋に引きあげ、わたしは講義のノートに目を通し、シュトラウスの『古い信仰と新しい信仰』を読みます。ときによっては、午後山に出かけたりします。(11)

勉強とスポーツと散歩と読書の生活リズムが出来ていることがわかる。ヘーゲル左派の神学者ダービッド・シュトラウス（David Friedrich Strauß, 一八〇八 - 一八七四年）の『古い信仰と新しい信仰』は、自然科学的実証的立場からキリスト教を批判した書物である。

教会めぐり

一八八二年五月九日の父宛の手紙には、礼拝について述べられている。

日曜日の午前はオットーとバッサーマン教授の、まったく荘重に執行する大学ミサに出ました。……文字通りの、限りなく長い礼拝は廃され、祈祷も短く、単なるおしゃべりではなく、説教のテキストも強制的なものではなく、牧師の選択に任されています。説教そのものも、わたしたちのところの大部分の牧師のような、退屈な荘重さは放されませんでした。(12)

日曜日の午前中は礼拝に出席しているが、マックスは、礼拝のあり方や説教の内容を厳しく批判し、ハイデルベルクの教会をベルリンの自分の教会と比較している。このことから、ベルリン時代、習慣的に教会の礼拝に出席していたことがわかる。また「オットー・バウムガルテンは金曜日にペータースキルへで、そのあとの日曜日の一日はノイエンハイムで説教する予定です。なんとしても、この二つの説教のうち一つは聞きたいとおもっています(13)」と述べ、オットーが説教する教会の礼拝に出席していることもわかる。「ペータースキルへ」も「ノイエンハイム」もハイデルベルクの近郊の教会であり、マックスは

図9　大学生のマックス18歳

幾つかのプロテスタント教会の礼拝に自由に出席していたようである。

五月十六日の母への手紙では、ノイエンハイム教会でのオットーの説教を聴いて「大衆向けにするのはむずかしいことですが、まさに見事に練りあげた説教でした」と評価している。同時に「わたしはかなり深く神学に足を突っ込んでしまいました」と述べて、ベルリン大学教授でプロテスタントのリベラル神学者のオットー・プフライデラー（Otto Pfleiderer, 一八三九 - 一九〇八年）の著書『パウロの教義』を読み「とにかく、とても面白く、序を読んだだけで何か意味深いものを期待させてくれます[14]」と記している。

説教だけでなく、神学書も読み批判する。マックスの信仰者としての神学に対する厳しい態度がわかる。

六月十七日の母への手紙では、シュトラスブルクに滞在した時、オットーの家族と交流したことが「本当に素敵でした」と述べられている。マックスは、オットーの父ヘルマン・バウムガルテンと母イーダとは「さまざまな対象についていろんな深い話[15]」をしている。「深い話」には信仰的な話も含まれる。

また、オットーの友人と楽しく過ごし、リッツ牧師を知り「かれの聖霊降臨節の説教の内容は、実は唯一の、偉大な比喩の詳述と描写でした。つまり、若者の心のなかの聖霊の目覚めを説明するはずの、自然の目覚めの詳述と描写でした[16]」とリッツ牧師の説教を高く評価している。マックスは聖霊降臨祭や復活祭、降誕祭には礼拝に出席していることがわかる。

エルザス地方の教会については、「エルザスの教会がよその影響をあまり受けていないのは、特別の、礼拝式中の祈祷がないことでわかります。その代わりに牧師の短いお祈りがはいっています。教会の建て方も独特で、礼拝の進行のやり方全体がバーデンのとはもとより、プロイセンのともはるかに違います。ところが、説教の前後に賛美歌を歌う乙女のコーラスは、わたしたちの、いつもは――有難いことに――ここにはない礼拝式を思い出させました[17]」と、礼拝の内容と進行順、教会堂の建て方が、バーデンやプロイセンの教会のそれとは違うと述べている。

ハイデルベルク近くのエルザス地方は、ドイツとフランスの国境地域であり、カトリック教会とプロテスタント教会が混在している。したがって、プロテスタント教会の礼拝に、カトリック教会の讃美歌が歌われていたのである。マックスは様々な教会の礼拝に出席しているから教会の比較考察ができることがわかる。

他方、大学において、マックスは、ギムナジウム時代と同様に、大学教師に対しては批判的であった。特に彼らの「自分を誇示しようとする虚栄心」に極度に敏感であった。

青春の謳歌

一八八二年の十一月から二学期になると、大学生活にも慣れ、マックスの生活は変化していく。従兄のオットーが卒業してハイデルベルクを去った。孤独になったマックスは学生組合に加入し、友人と、週に二度、夜の酒場通いをはじめた。彼はかなりの酒豪で頭角をあらわす。また大食漢であるために肥満の傾向を見せた。母からアダム・スミス等の書物と食物が入った小包が届いた時には「いつも収益のある直腸ソーセージが君臨しており、レバー・ソーセージは空っぽの胃袋にとっては『仮

魅力以上のものを所有しています。とにかく、夏以来居心地の良さはとても大きくなったので、この何日かの、とくに素晴らしい日々を除いてたいてい在宅していました[18]」と、十一月十三日の手紙で述べている。十分な栄養と運動不足のために肥満したことがわかる。

二学期に両親に宛てた手紙は少なくなり、母宛てが五通、父宛てが二通である。母宛ての手紙は長く、内面的なことも述べられている。母宛ての十一月十三日の手紙では、オットーに誘われて、シュトラスブルクのバウムガルテン家に行ってオットーの婚約者エミリーに会い「不思議なほどひとをひきつけるところと、愛くるしさと言ったものをもっています。……彼女は、……宗教的にも道徳的にも非常に慎重に教育されたようです[19]」と記している。宗教と道徳がマックスの人物評価であることがわかる。

学期初めの十一月四日の母宛て手紙には、日課についての説明がある。

午前：講義（二―三時間）昼食 読書 予習　午後：講義（二―三時間）　ゼミナール

水曜日と土曜日は午前の講義だけ

月曜日と金曜日は講義とゼミナールで六―七時間

マックスが春に聴講したのは、講義「ユスチニアヌス法典」とゼミナール、哲学史と二つの歴史学の講義、歴史ゼミナールであった[20]。

祖母エミーリエが死去した時、母に宛てた一八八二年十一月十三日の手紙において、「わたしにとってはキリスト教と真の寛容との精髄である素晴らしい言葉、『あなたがたの信仰どおり、あなたがたの身になるように』をいってあげられるだけです[21]」とマックスは母を慰めている。これは、マタイ福音書九章二九節において、イエスが盲人をいやすときにかけた言葉である。イエスの言葉を引用して母を慰めているのである。マックスは聖書の言葉に通暁していて、キリスト教信仰を「美しく価値あるもの」と認めていることもわかる。

一八八三年二月十二日に父に宛てた手紙は、大学の講義の内容や読んだ本の感想、学者の批判が中心になっているが、最後に以下のように仕送りを率直に求めている。

「ここハイデルベルクは本当に快適ですし、これから先もそうだろうとおもっています。とはいうものの、父上のご期待のように、わたしは、今月の末ころまではやりくりができないことを白状しなくてはなりません。少なくともいままで、つまり、半ばまでなんとかやってきたのですが――でも、いまやまったく文なしでもあります。――学生組合で一緒に出かけた懺悔火曜日や、フェリックスおばさんのところでのいろんな奇術などが、すっかり衰弱していたわたしの財布にとどめを刺したというわけです[22]……」

マックスの求めに答えて、父は友人に「階級的慣習」として借金もして追加金を息子に送った。二月二三日の父宛の手紙では、学業についての長い説明のあとに「わたしは相変わらず懐は豊かで、靴屋、洗濯婦、女中、決闘の立合い医師などの支払いがあっても、やっていけるというわけです[23]」と述べ、父から十分な財政援助があったこと、そして決闘をしたことも分かる。

学生組合に入ってマックスの交流と活動範囲は広がった。万霊節の行進に参加し、オットーの結婚式に参加するためアッヘルン学生組合主催の松明行列や大衆宴会、旅行にも参加している。学業にも精力

図10　ハイデルベルク大学遠景

的であり、多くの学術書を読破し、歴史ゼミナールに積極的に参加している。まさに「よく学び、よく遊び」の生活を満喫している。

三学期には、学生組合の通過儀礼としての決闘をして頬に刀傷を受けた。後に母がそれをみて驚き、猛烈な平手打ちをマックスに加えた。

食欲は旺盛で、食費と酒代が増え、さらに学生組合費、決闘のための旅費などのために毎月の仕送りよりも多額の金を必要とした。一八八三年の五月二六日の母宛ての手紙では「気をつけるようにとの、わたしの健康状態は上々で、日増しに太っています。ただまったくの金欠のためにピーピーしていま経験している断食療法は、またもや痩せさせてくれます。……この休暇の旅行中にもっていたお金は全部使い果たしたからです[24]」

マックスは食欲が旺盛で、すぐに太りやすい体質であり、「倹約の素質などは全然持ち合わせていない」学生であった。だが彼自身は、学生組合に入って学生歌や愛国歌を歌うようになり、大学時代は「少年時代に著しかった内的な臆病さや自信のなさを取除いてくれた」と、後年回想している。

学業に関しては、積極的であった。だが、ある教授が講義において「過去十七年間の議会の出来事、もちろん立憲的原理の代表者すべてについての苦々しい軽蔑を『ユダヤ人』の名において一括して、洗いざらいぶちまけた」ことに対して「沈黙をもってする以外には答えませんでした[25]」と父宛の手紙で述べている。大学内の反ユダヤ的風潮に対して、マックスは批判的であったことがわかる。

軍事訓練

当時のドイツでは、高級官吏になるためには、最低三年間は大学法学部で学び、第一次国家試験である司法官試補試験を受け、それに合格すれば、一年間の軍事訓練をすませて予備役将校の資格を得なければならなかった。

マックスは、一八八三年秋に軍事訓練のためにシュトラスブルクに移った。

彼はフェンシング以外の体育は不得手であり、上官からの嫌がらせの的になった。

図11　シュトラスブルク

十月二二日の母に宛てた手紙では、軍事訓練が拷問のように厳しいことを述べ、そのような訓練の中で「イエス・キリストを認めることを学んだ[26]」と告白している。また、「かれ（曹長）は、あたかもこの聖書の約束の艱難において、悪い人間たちは自分の肉体を滅ぼすことはできても、魂を絶滅させることはできないのだと考えているかのようです[27]」と聖書のマタイ福音書十章二八節の言葉「からだを殺しても、たましいを殺せない者たちを恐れてはいけません。むしろ、たましいもからだもゲヘナで滅ぼすことができる方（神）を恐れなさい」で応答し、忍耐していることがわかる。

マックスは上官による嫌がらせの憂さ晴らしのために、夜になると同じ境週の仲間とともに夜を徹して酒場で飲むという悪習をつくった。二日酔いで、早朝、下宿に帰ると「おかみが濃いコーヒーを用意して」くれていた。

図12　ヘルマン・バウムガルテン

彼は軍事訓練において、人間が「自動的な精確さで命令に反応する機械」にされることに反発した。「一番やりきれないのは物すごい時間の浪費[28]」であった。また、「だが、誰とでも友人になれる天性が彼にはあり、話術のうまさとユーモアで「将校たちには好ましい仲間になった」。また、「人の上に立つ者の資格、命令し教育する能力」も彼にはあった。リーダーシップがあり友人関係も良好であったことがわかる。

バウムガルテン家との交流

厳しい軍事訓練の期間、マックスは、シュトラスブルクの親戚バウムガルテン家に日曜日午後に訪問して交流した。

母の姉イーダの夫ヘルマン・バウムガルテン（Hermann Baumgarten, 一八二五―一八九三年）は、シュトラスブルク大学歴史学教授であり、牧師の息子でプロテスタント信仰を持っていた。この時五八歳のヘルマン・バウムガルテンは教授であると同時に「後年のマックス・ウェーバーと同様に」熱情的な政治家でもあった。ビスマルクに反対する彼の政治思想の影響もマックスは受けた。

一八八三年十月二二日に母に宛てた手紙でシュトラスブルクでの生活を詳述した後に「わたし自身はバウムガルテンの家でとても快適にくつろげるし、すでに述べたように、そこから非常にいろんなものを学び取ることができると確信しています！[29]」と結んでいる。

一八八三年十二月二十一日に父に宛てた手紙に「わたしは相変わらず、しばしば、日曜日の午後はたいていいつも、それにときには週にもう一度バウムガルテン家に出かけ、その度に親切に迎えられています[30]」と述べている。日曜日の午前中は教会の礼拝に出て、午後にバウムガルテン家を訪問したと考えられる。

母の姉のイーダ・ファレンシュタインは、母と同様に純粋なプロテスタント信仰の持ち主であった。伯母のイーダからW・E・チャニング（William Ellery Channing, 一七八〇―一八四二年）の信仰書を紹介されて、マックスはキリスト教信仰の世界に眼を広げていった。

チャニングは、ハーバード大学神学部に学び、カルヴァン主義を批判してユニテリアン主義を公式に宣言した米国ユニテリアン派の牧師である。ユニテリアンは、原罪説と予定論、三位一体とキリストの神性の教理を否定して、神の単一性を強調して、自由と理性と寛容を尊重する。そして人間の道徳的努力による救いを強調した。チャニングは人間中心的な自由神学を樹立したが、その道徳思想は

図 13　チャニング

カルヴァン主義神学と変わらなかった。彼は、神と同一したイエスの復活を信じる信仰を提唱していたのでプロテスタント正統神学に近い信仰と思われる。また、人道主義による社会改革や黒人奴隷解放を唱え、マックスはチャニングの思想を理解していた。特に、「個々の人間の魂の無限な価値」の考察から明らかになる、チャニングの「明るい、静かな理想主義」に賛同している。

マックスは、一八八四年七月八日の母宛の手紙で、イーダ伯母から紹介されたチャニングの諸論文を読み、「私が振り返ることのできるさまざまな年代を通じて宗教的なものがわたしにとって客観的以上の関心を呼び起こしたのは、これがはじめてです。……この偉大な宗教的な書物を知って、やはり全然無駄に時を過ごしたわけではないと信じています」と述べ、チャニングの思想が「もっともぴったりとして」、彼の「義務と道徳律の概念は自由な生き生きとした形式」であると説明している。そして「バウムガルテン家での交際は、わたしにとってはますます快適で尊いものとなります[31]」と述べている。

初恋

バウムガルテン家の二人の娘の年長のエミーは十八歳であり、二〇歳のマックスにとり「若いマドンナ」であった。母と祖母の神経障がいを彼女は受け継いでいたが、その優雅さにマックスは心奪われ、彼女は「守護天使」になった。二人の間に愛が芽生えた。後年、二回目の軍事訓練でシュトラスブルクで再会した時には、「初めてエロスが彼の存在のふかいところに触れた」。エミーの母イーダはこれに気づいて、エミーを遠方に住む兄オットーのところへやった。だがマックスは彼女の後を追って行き、数日間従兄のオットー宅で楽しく過ごした。経済的に独立すれば、エミーを「妻にできるものと希望していた」。その後も何通か長い手紙をマックスはエミーに送っている。だがベルリン大学での勉学のために彼の結婚の決断が遅れ、そのためにエミーは不安になり、病弱になった。

一八八四年マックスはシュトラスブルクでの軍事訓練を終えてベルリンの実家に戻り、冬学期と翌年の夏学期をベルリン大学で学んだ。官吏になるための第二次国家試験は、公法と私法の、特に憲法、行政法、国民経済学、財政学に関する筆記試験と口頭試験が課せられる。

マックスは、法律学を専攻したが、歴史学の講義にも聴講した。学界の第一人者であるブルンナー、ギールゲ、ゴールドシュミット、マイツェン、トライチュケ、モムゼンの講義を熱心に聴講した。法学者で政治家であるグナイスト（Heinrich Rudolf Hermann Friedrich von Gneist, 一八一六－一八九五年）の講義に出た時には、「じぶんのすべての政治的人格を引っさげて講壇に立ち、熱情的に評価をくだす」ことにマックスは感銘を受けた。

ベルリン時代にはヴェーバーは盛んに演奏会に通った。特にベートーベンとブラームスの室内音楽を好んだ。音楽はヴェーバーの「生活必需品」であった。

マックスは信仰の世界へもさらに入っていった。

弟アルフレートの堅信礼にあてた手紙に以下のように述べている。


キリスト教は、この時代につくり出されたすべての偉大なものがその上にもとづいている主要な土台のひとつなのです。……すべての偉大な行為、……学問と、人類のすべての偉大な思想は、主としてキリスト教の影響のもとに発達してきました。……キリスト教会員として君は、偉大なキリスト教文化の発展と、それとともに全人類の発展のために働く権利と義務を手にしているのです――そしておそかれ早かれわたしたちの各人が、この義務と課題を自分に課し、できるだけ立派に果たすことが自分自身の幸福にとって是非とも必要な条件であることとみとめるのです(32)。

キリスト教は、学問と人類の偉大な思想の主要な土台である、とキリスト教の価値をマックスは認めている。キリスト教と全人類の文化の発展のために生きようとするマックスの信仰者としての使命感が確認できる。

図14　軍服を着た21歳のヴェーバー

司法官試補試験勉強

一八八五年三月に、再びシュトラスブルクで予備役将校になるための軍事訓練を受け、翌年にかけて、司法官試補試験に備えて、マックスはゲッティンゲン大学で学び、そこで試補試験を受けた。

彼は厳しい受験勉強計画を立て、それに従って生活した。何をするか、何を学ぶかを時間ごとに詳細に振り分けた。食べ物も倹約して、牛肉一ポンド（四五三・六グラム）と目玉焼き四個を自分で作った。受験勉強に集中し、計画を実行していった。彼は「ひたすら勉強に精進する覚悟を決め、それ故多種多様な知的興味を犠牲にして一番手近な目標に専心した。このとき彼ははじめて完全に〈義務を果たすこと〉の満足を味わったのである」。禁欲生活をマックスは実施した。

しっかりとした計画を立てて、マックスは勉強した。母ヘレーネは彼が「〈現在の要求〉に従うその熱中ぶりに驚き、……憂慮の種を見た。」母を心配させるほどの強い集中力によりマックスは受験勉強に励んだ。

七月十四日には、初恋の人エミー・バウムガルテン宛てに手紙を書いている。「君が最近わたしの母に出したお手紙のなかでひどく恨み怒っているのを知って、つくづく自分のぶしつけを悟りました」で始まるこの手紙で、「やはりわたしは何よりも、きちんと勉強しなければならないのだという、とても悲しい気持ちが先に立って、いつも手紙を書くにいたらなかったのです」と弁解している。また「同封したわたしの写真が大変おくれて届いたことで、腹を立てないで下さい。わたしは、このネロとドミティアヌスを見張る将軍みたいな写真以外は探し出すことはできませんでした」[33]と、写真（図14）を送ることが遅れた弁解もしている。マックスは何よりも勉強を最優先していることがわかる。

また、「聞いたところでは、君は健康がまだ十分ではないようですね」[34]と述べられていて、エミーはこの時、健康を害していたことがわかる。

マックスとエミーとの関係は、一八九二年まで続いた。

十一月二日に父に宛てた手紙には「わたしは毎日朝七時に元気に起き、七時四十五分にコーヒーを飲み、夕方は八時にバター付きパンにソーセージを食べます。部屋はとても感じがよく、明るくて静かです。大きな窓がいくつもあるため、たしかに暖房はしにくいのですが、その反面、この広さのため、煙草の煙を部屋一杯にもうもうとさせるのは、どんな肺の丈夫な人でも不可能です」とあり、生活全体に満足している。

ゲッティンゲン大学で学んだ講義は、「ドーヴェ教授の教会法」「バール教授の民事訴訟法」「フレンスドルフ教授の行政法」「シュレーダー教授の商法ゼミナール」「レーゲンベルガー教授の民法ゼミナール」であり、各教授の教える内容や教え方に加えて、何人かの教授宅を訪問したことが説明されている。

母ヘレーネは、マックスの信仰に対して疑念を持っていたようである。日曜日の礼拝に参列しているのであろうか。同年十二月六日の母宛ての手紙で、マックスは「日曜日に何をするかというのですか？　母上の反対にもかかわらず、日曜日はまず第一にゆっくり寝坊をする日だとおもっています」と答えている。それは「起きるのがあまりおそくならなければ――なぜなら十時には勉強にかかっていなければなりませんから」と、受験勉強が礼拝に出席できない理由だとしている。そして「先に、チャニングかスピノザを少し読むことになります」と述べて、チャニングの戦争論を展開して「中世の悲惨さのすべては、いわゆる神の秩序と人間の秩序とのあいだにつくられた、この深淵によるものです。――このことは、わたしのチャニングにたいする尊敬の気持ちを何ら妨げるものではありません(35)」と述べている。マックスはチャニングの信仰書を読むことを礼拝出席の代用にしていることがわかる。

一八八六年三月七日に弟のアルフレートに宛てた手紙では、神学者D・シュトラウス（David Friedrich Strauß, 一八〇八―一八七四年）の『イエスの生涯』を読んだ時の異常な感銘を述べ、論評している。この書は福音書における奇跡を「神話」ととらえて聖書の歴史性を否定するが、以下のようにマックスはそれを批判している。

つまり、神話形成のさいとは正反対の事情がここに生じたのです。……神話においては展開は、全くかれの概念によれば、正反対です。そこで、新約聖書におけるキリスト教の姿の歪曲というようなことは、くわしくみれば出来事全体の構成的・文学的な理解とおなじように、だれの目にもその痕跡は見当りはしません。逆に、説明が変わるのは、人びとにかんするおびただしい散文です。そして唯一の、真に文学的であるのは山上の垂訓の部分と二、三の他の、伝統的な箴言で、これらの信憑性はシュトラウスも否定することにはまったく思いいたっていません。あらゆるものがおなじ視点のもとに集められるものではないのです[36]。

新約聖書には事実の歪曲はない。だから、シュトラウスの書は、「根深い誤謬の源であり、ことに神話という単純な概念を用いてイエスの歴史的人格あるいは宗教史上のキリストをなんとか理解できるだろうという妄想の源だからです[37]」と結論している。

マックスの神学は、自由主義神学ではなくて、正統的保守的で福音的な神学であることがわかる。

図 15　23 歳のマックスと家族　ベルリン 1887 年

模索の数年間

一八八六年五月に司法官試補試験を受けてハイデルベルク大学を二二歳でマックスは卒業した。ハイデルベルク列車駅に友人が集まり、風習にしたがい惜別の歌「古狐よ我は去り行く」を歌い、見送られた。国家試験には合格して弁護士資格を得た。一般的には三十歳で合格できるが、二十二歳の異例の若さでマックスは合格した。

その後、「不愉快な索莫さ」の数年間を過ごすことになる。

司法官試補になったマックスは、ベルリンの実家で結婚まで七年間を過ごした。一八八七年から一八九一年にかけてベルリン地方裁判所第二部で司法官試補を勤めながら研究を続けた。翌年から一八八九年は、ポーゼン等で軍事訓練に参加するとともに、ベルリンで官吏試補試験を受けた。一八八九年から一八九一年にかけては、ベルリンで学位取得後、第二次司法官試補試験受験と大学教授資格取得が行われ、シュリムで第三次軍事訓練に参加した。

このようにして、一八八七年から五年間、司法官試補を勤めた後に、一八九二年、ベルリン大学私講師となるのであった。

「索莫とした」七年間は、法律の世界で生きるか学問の世界で生きるかを煩悶する時期であった。

母の祖母が亡くなり母ヘレーネは相当な遺産を相続した。その遺産により、ベルリンのライプニッツ通りの実家のヴィラに二度目の拡張工事がなされ、いくつかの接客室が加えられた。その部屋を使用して、ヘレーネは日曜日の夕方にパーティーを開いた。パーティーには家族だけでなく学者や父の知人の政治家も多く集まった。

パーティーの最初に一時間余り、音楽が演奏されるか詩が朗読された。その後は懇談の時になり、政治や社会や学問等の問題が語られた。政治と社会に関心を持った若い人々も集まった。司法官試補のヴェーバーは「若い連中の精神的中心」であった。従兄のオットーをはじめ大学教授、政治家、宣教師等も集まり自由な議論に花が咲いた。最後には「冷肉と一杯の紅茶とビール」が出され、時には「大きな焼き肉や一メートル以上ものソーセージ」が供された。食事は母や知り合いの女性が準備した。

一八八七年に、シュトラスブルクで第二回将校訓練、翌年にはポーゼンで第三回軍事訓練を受け、マックスは司法官試補として業務をこなしながら、学位論文の作成にあたった。

同年一月二十二日にゲッティンゲン大学で行政学を学んだフレンスドルフ教授にベルリンから宛てた手紙に、以下の内容がある。

わたしは二か月前からベルリンの地方裁判所第二部でもっぱら刑事裁判事件に従事しています。刑事事件自体が少しばかり興味をそそるものがある点は別として、それにはむしろある種の味気なさがあって、けっして多大の、学問的な関心をもつことができませんでした。……しかし、何はともあれ、こうした高度の書記教育に必要な、きわめていちじるしい時間の浪費は腹立たしいものです。なぜなら、わが学習時間は、そのために非常にちぎれちぎれになっているので、わたしがさらにできるだけ、プロイセンの邦法と同時にローマ法をやり、そのほかにベルニス教授のもとでゼミナールに参加し、ローマの国法にかんするモムゼンの講義に参加するのがまったくきわめて不規則で困難だからです(38)。

司法官試補として裁判の実務にあたることが、マックスにとっては「味気なさ」があり「きわめていちじるしい時間の浪費」であった。マックスは、学問研究を熱望していることがわかる。

一八八八年一月十一日にも同教授に手紙を書き、「残念ながら、わが学習時間は当分またもやきわめてひどく制限されています。それというのもわたしは――家で仕上げなければならない調書は別として――毎日午前三時まで検事局で働かなければならないからですし、そのさい有能な警部ならもっとうまくやるだろうと意識せざるをえないこうした行動が法の科学的認識を促進するわけではなく、こうした認識がもたらす能率と比べれば、実際の役人人事ではあまりにも時間を食うことをなんといっても認めないわけにはいかないからです[39]」と、法の実務に時間がとられ、研究できないことをマックスは嘆いている。

同年二月十七日にエミーに宛てた手紙でも、「わたしはもう一度法律学という暗黒街に迷い込んでおり、自分のための仕事ができるようにはけっしてなっていないからです」と嘆き、「それゆえに各人に、実際につぎのことが神の、真に価値ある贈り物として望むことができます。すなわち、……そうした困難を内面的に克服するために、それから効果的かつ恒久的に正しい側面を獲得する力が各人にあたえられるように望むことが、それです。そのことを心から希望いたします[40]」と述べている。法律学は「暗黒街」で自分には適さない。そして、神に、自分にふさわしい正しい道を歩むことを祈り求める、マックスの信仰者としての姿が伺える。

軍事訓練を受けたポーゼンから、一八八八年八月二日に、二十歳になった弟のアルフレートに送った手紙に、職業を選ぶための助言を以下のように述べている。

望むらくは君が二十代のうちに間もなく、自分の性向にふさわしい一つの職業をみつけ、それからまた十分つぎのような確信がえられますように。すなわち、一つの職業を調べるにあたってはあらかじめ、あらゆるものに共通な目標、つまり社会の進展を達成するために多少なりとも重要な役割を演じるようにみえる点を検討するのではなく、むしろ従事する対象が、絶えず喜んで没頭できるとおもわれるようなものであるかどうかを検討するのが一番よいということです[41]。

職業は、社会に対する貢献度ではなく、「喜んで没頭できる」職業を選びなさい、という弟への助言。これは、マックス自身に対する助言でもあったと考えられる。弁護士は確かに社会に貢献する職業である。しかし自分にとっては「暗黒街」である「絶えず喜んで没頭できるとおもわれるようなもの」は何か。それは学問研究であった。

博士号取得

一八八九年、ベルリン大学のゴールドシュミット教授（Levin Goldschmidt, 一八二九－一八九七年）の指導によりマックスは学位（博士）を獲得した。

彼の学位論文『中世商事会社史序説』は、法律史と経済史の境界領域に属し、法律学と経済学と歴史学による学際的な論文だったともいえる。学位審査は公開討論会として開催され、三名の教授が担当した。

一八八九年七月三十日、ベルリンからシュトラスブルクのヘルマン・バウムガルテンに宛てて、ヴェーバーは学位論文審査の状況について説明している。

わたしがいま確認できますように、ここベルリンで没頭できる、時間を費やす多くの楽しみのうちで、学位論文の作成はもっとも時間のかかるものの一つで、そのわりに楽しみはとても少ないものです。いま、仕事を幸い片付けましたし、(最優秀 magna cum laude) ようやくほっとしています。学部、とくに、わが学位論文を検閲したゴールドシュミットはきわめて好意的でしたが、口述試験のさいにわたしは、それが第六学期の学生の試験の水準の域をあまり出なかったという印象をもちました。……これに反して、二、三の試験委員、ヒンシュイウスとブルンナーが質問した仕方は、いちじるしく対照的でした。もう少し長くかれらがわたしを質問攻めにしてほしかったのですが。なぜなら、そのさい本当に何か学ぶことができたからです。――いま、わたしは二通りのものを片付けるでしょう。一つは〈ローマの農業にかんする〉大学教授資格取得のための論文、もう一つは、学位論文にあたる拙著の続きです。ローマの問題はあまりにも広範にわたるので、それをそのままにしておいて、後者の成果を就職論文として使うでしょう。[42]」

マックスにとって「没頭できるもの」は明らかに学位論文研究であったことがわかる。審査においては、ベルリン大学のゴールドシュミット教授とヒンシュイウス教授とブルンナー教授が試験官となり、最優秀であると評価された。

この時、聴衆の中にいた七二歳のローマ史研究の権威者テオドール・モムゼン教授（Theodor Mommsen、一八一七 - 一九〇三年）の「いよいよ自分が墓場に向わねばならないとき、〈息子よ、私の槍を持て、私の腕にはもうそれは重過ぎる〉と誰にもまして私が言いたいのは、私の高く評価するマックス・ウェーバーに向かってであろう」との言葉で審査会は閉じられた。彼の学位論文は絶賛されたのである。

キリスト教社会主義

マックスは「宗教的音痴」と自称するが、その学問の背景には明らかにキリスト教信仰に基づく世界観がある。政治的には、ビスマルクの権勢欲や保守主義者の反ユダヤ主義傾向を批判して、自由主義的理想に立った。精神の自由が彼にとって最高の善であり、この自由に反する権威を彼は厳しく批判した。この立場から、オットー・バウムガルテンが創刊した『キリスト教世界』に寄稿した。

オットーは、福音社会会議と密接な関係にある『福音社会時事問題』を編集していた。出版する目的は「福音主義教会をふたたび、国民のなかで経済的により弱い立場にあるひとびとにたいする、福音主義的民衆の良心たらしめること」であった。マックスは、この雑誌の出版計画作成に協力している。[43] マックスは、礼拝規則の自由な運営を要求する福音主義最高宗務会議にたいする請願書にも署名した。さらに、一八九〇年から一八九七年まで、福音社会会議の年次大会に毎年精力的に参加した。このような福音社会会議にたいする彼の動機には、国民経済学の基礎的知識を伝達する啓蒙的な動機があった。「国民経済学の基礎的知識を（福音主義の聖職者たちにあるいは平信徒たちにたいして）伝達することを多くの講演で試みた」[44]。一八九〇年以降、マックスは、「キリスト教によるマルクス主義の内面的克服と、社会民主主義を解消させるキリスト教社会主義時代とに彼は期待をかけた」のである。

一八九〇年から同学会の依頼により農業労働者事情の研究を引き受けて、彼は労働者調査をした。それを『ドイツ・東エルベ地方の農業労働者の状態』としてまとめた。これは国民経済学上の処女作であった。マックスは、「たちまち自分の専門外の学問において若い学者たちの信望を固めた」。

第三節　活動期（一八九二―一八九六年：二八―三二歳）

時代状況

ビスマルクが退陣して、皇帝ヴィルヘルム二世は、「新航路」政策を採った。国内では労働者保護政策が採られ労働者との「和解」を、国外ではイギリスとロシアとの関係を重視して「国際的信用」を求めた。特にロシアと通商条約を締結したことにより、安価なロシアの穀物がドイツに入り、また、ドイツの産業はロシア市場に展開した。通商貿易面の新政策として、農産物の関税引き下げがあった。だが、これは、国内の農業、特にユンカー（地主貴族層）にとっては大打撃であった。

僥倖

恩師たちはマックスに学者になることを期待していた。「恩師たちは彼を学者になるべき人間と見、この卓越した智力のこれ以上適した活用法を考えることができなかった」。学位論文が高く評価されたので当然の期待であろう。ヘルマン・バウムガルテンも、大学教授になるように、学位をとる前からマックスに勧めていた。

ヘルマン・バウムガルテン宛ての一八八九年十二月三十一日のマックスの手紙は「わが学位取得のさいに伯父上からご親切な手紙をいただいたことにかんしておくればせながらお礼申し上げたいとおもいます」で始まり、学位論文の出版と翌年の第二次国家試験について説明のあと、以下のように述べられている。

司法官試補試験終了の直ぐあともっとくわしい加筆を必要とする、具体的にスケッチされた研究資料がわたしにはあります……万一本当に大学教授資格取得ができる——そしていまのところわたしにとってはその点での疑念は全然ありません——なら、わたしはやはり、教育的側面を、まさに若い講師として、より激しく強調する欲求をもつでしょう。[45]」

就職論文を書いて教授資格を取得する自信があり、大学講師になることを激しく求めているマックスの思いが表われている。

一八九一年一月三日にヘルマン・バウムガルテンに宛てた手紙では、「一切の事情にかかわる全力を傾ける司法官試補試験と、それから、再びそもそものはじめから (ab ovo) 学問上結局確固たる地保を占める必要のために、わたしはかなり長いあいだほとんどまったく没世間となっていましたし、多数の古くからの交際を断ち切っていました[46]」とあり、試験準備のために集中して勉強していたことがわかる。さらに「わたしは、金銭上自分を独立させてくれる地位にあれば、学問上の仕事のためには外面の安らぎは少ないとしても、その代わり内面の安らぎは比較にならないほど多く見出せるとおもいます[47]」と、学問研究することに内面的安らぎがあると述べている。学問研究がマックスの内的促しであることがわかる。

一八九二年春、マックスは、就職論文『ローマ農業史、その国法的、私法的意味』を提出して、ローマ法、ドイツ法、商法の教授資格を得た。

大学教授をしながら弁護士の業に就こうとマックスは、考えていた。なぜなら大学の教授職に就くのは困難であり、「僥倖」が必要であったからである。無給の私講師では不安定で、教授職につくまで長い年月を要する。だから避けたい。「大学講師になったとしてもやはりおそらく予想もつかぬほど長いあいだ〈自分の手で得たパン〉を待たねばならぬだろうし、それより何よりも、彼の志向は観想的な生活よりも行動的なそれのほうにより明白に向いていた」。マックスは、内面では学者になる決心があったが、教授就職をめぐる現状の困難さをよく知っていた。

しかし、「まさかの時」が訪れた。恩師のゴールドシュミット教授が急病になり五年後には死去するが、一八九二年、彼の代わりにマックスがベルリン大学の講師になったのである。「彼（ゴールドシュミット）はすでに第二ゼメスターからマックスに代講を頼んだ。若い講師は今や多数の聴講者の前で商法と手形法を講じねばならなかった」。

他方、マックスは、この頃ベルリン高等裁判所で、弁護士の代理も勤めていた。したがって主に大学教師として、そして弁護士としても歩むことになった。

「こうして突然すばらしい前途が開けたのである」。

結婚

マックスは、女性に対する興味も時間もなく、学問に集中していた。

六歳年下のマリアンネは父の長兄の孫にあたる。マリアンネは、一八七〇年八月二日にドイツ北西部にあるエルリングハウゼンで生まれた。三歳の時に母を亡くし、父とともに近くのレムゴーの父方の祖母に引き取られ、伯母に養われた。この家で精神障がいのある二人の伯父が同居していた。エルレリングハウゼンの女学校を卒業し、十九歳からは叔母に引き取られた。このような苦難を経験したので、勝気な女性であった。

彼女はハノーバーで花嫁教育を受けて一八九二年春にベルリンに来て、親戚であるヴェーバー家に迎えられた。「マリアンネはヘレーネの心を打ち明ける相手となった。彼女が将来自分の娘となることをヘレーネが予感もしていないうちから」。

マックスは彼女と出会い、ふたりは互いに心ひかれた。彼はそれまで数年間、初恋の人であるエミーと文通していた。エミーはマックスの求婚を待っていた。だがマックスは、大学講師と弁護士として多忙であったことと、エミーの精神状態を考えて、求婚するのを躊躇していた。マリアンネと出会い、マックスはエミーとは別れた。エミーと別れたことは罪意識としてマックスに残った。エミーとの別れをマリアンネに説明して、マックスは結婚をせまった。その長いラブレターの最後の部分が以下である。


「君（マリアンネ）とぼくはもうたがいに結ばれてしまっている……ぼくは敢て君に言う、僕は自分の道を進まねばならぬ、そして今では君も知っている道を行く、と。――そして君もぼくと一緒にその道を行くのだ。それがどこへ通ずるものか、どれほどの道のりであるのか……それはぼくも知らない。……気高い心の伴侶よ、ぼくと一緒に諦念の静かな港から荒海へ出て行こう、精神の苦闘のなかで人間が成長し、本質的ならぬものが人間の身から洗い落とされるところへ。……そしてもう一度――ぼくと一緒に来てくれ、ぼくはきみが来てくれることを知っている」

図 16　結婚式を挙げた教会

かなり強引に結婚を迫る内容である。マリアンネは申し出を受け入れ、この手紙の六カ月後に二人は婚約した。

一八九三年九月二日、結婚式直前に、マックスはエミー宛に手紙を送っている。「心から喜んでわたしの未来の妻とわたしは、君との再会を待望いたします。……わたしは、わがお気に入りの、君の友情をこんなに誇りとしていましたし、君のことをおもっていましたが、君にたいするとおなじ位に一人の人のことを、重い責任感と同時に感謝と心からの喜びと友情の、こんなに特有の混じりあいでもっておもったことは、いまだかつてありません。そして君の友情にたいする誇りはずっと変わるものではありません(48)」と、エミーとの友情に感謝して、平和的に別れて結婚に至ったと考えられる。

マックスは、六歳下のマリアンネとエルリングハウゼン村のマリアンネが洗礼を受けたルター派福音教会、おそらくアレクサンダー教会アントニウス礼拝堂で、結婚式を挙げた。式後、大規模な披露宴に出席した多くの人々は「前途有望な立派な人物」としてマックスに敬服していた。

新婚生活が始まってもマックスは多忙であった。恩師の代講教員として講義と演習で週に約十九時間、さらに弁護士として司法国家試験の審査業務があり、妻とともに過ごす時間はほんのわずかであった。「夫を書斎から引き出し都会の家々の海のなかからおびき出すことは若い妻には稀にしかできなかった」。

マックスはすでに結婚式以前の一八九三年六月六日に、フライブルク大学経済学担当正教授に推薦されていた。同時にベルリン大学商法担当教授への可能性もあった。だが、二十九歳の彼には、六四歳の恩師の後継者としてベルリン大学教授となるには若すぎた。この間には、ある人物による不適切な言動があり、彼の支配から逃れたいこともあった。さらに、マックスはフライブルク大学で担当する「国民経済学」に何よりも魅力を感じ、フライブルク大学経済学担当正教授への申し出を承諾した。「この学問（国民経済学）からは文化史や思想史へも哲学的な諸問題へもまっすぐに通じていたからである」。

人間関係よりも学問研究を優先して状況を前向きに捉えるマックスの性格がうかがえる。

「追い立てられた猟獣」

一八九四年十一月一日、マックスはフライブルク大学に国民経済学と財政学の教授として赴任した。十二時間の講義と二つのゼミナールを担当した。

同年、夫妻はフライブルクにおける福音社会会議大会に出席して、マックスは農業労働者調査に関する報告をした。

翌一八九五年五月、彼のフライブルク大学教授就任演説「国民国家と経済政策」には、大きな反響があった。「知識と同時に信仰告白を提示していたからである」。彼の講演は、その後も有名になっていった。フライブルク大学に移住してマックスは新しい環境に喜ん

図17　マックス（29歳）とマリアンネの結婚式

図 18
30 歳のマックス

でいたが、大学業務の負担は想像以上に大きかった。週に十二時間の講義と二科目のゼミナールに休暇を取る教授の講義、さらに出版社から依頼された論文原稿、学問的および政治的な協会から依頼された講演が加わった。彼は自らを「追い立てられた猟獣」と呼んでいた。

「彼の仕事の力は倍加したように見え、どんなこともやってのけた。普通午前一時まで仕事をし、それからすぐ深い眠りに沈む。妻が注意すると彼は言った。『一時まで仕事できなければ、教授を勤めることも出来ないよ』(49)。家においては家政婦のために飼うことにした若い雑種の子犬が、「彼にも愉快なおもちゃになった」。

学生指導

彼は決して「書斎の人」ではなく、情熱をもって学生を指導した。ゼミナールの学生たちに対して注意深く学問的研究の指導を以下のようにし、そのことに満足していた。

年を取ってからも彼は多くの弟子たちと親しくし、毎回ゼミナールが終わってから彼らとともに一杯やるときには、彼らは単に彼の学識だけでなく、彼の作り話のうまさにも興ずることができた。それから彼はあらゆる質問に応じ、しかも全然権威をふりまわそうともしなかった。……休憩時間には、誰にも気づまりを感じさせないほどざっくばらんに淡泊にふるまう良き同輩である一面、教官の一人として彼はうるさい人間だった。自分の同職の人々の〈人間的弱点〉が――たとえば教官の招聘の問題などで――純粋に客観的な処理に対立しようものなら、そのような弱点を容赦しなかったからである。……どんな不愉快なことも厭わなかったから、同僚たちは面倒な問題の解決には好んで彼を利用した。……旅と観照のなかでのみ彼は完全に緊張を解いた。このとき彼はすっかり若返り、あらゆる地上の美に心を打開いた(50)」。

ゼミナールで学生指導をした後は、酒を飲みながら学生と歓談した。その時には同僚の教員の批判もした。また彼にとって旅行するのがよき気分転換であった。

一八九六年における彼の講演「古代文化没落の社会的諸原因」は評判を呼び、著書として出版されて、学者として高い評価を受けるようになっていた。マックスは政治的活動にも目を向けていた。連邦参議院の穀物取引部会の委員になり、新設された国民社会協会の会員になった。自由主義的議員として国会選挙に立候補してほしい申し出もあった。だが彼は断った。新たな道が開かれようとしていたからである。

ハイデルベルク大学から、学会の長老で経済学者のクニース教授（Karl Gustav Adolf Knies, 一八二一-一八九八）の後任にすでに彼は推薦されていた。ハイデルベルクには祖父の家があり、幼年時代に訪れていた。またハイデルベルク大学は多くの思い出がある彼の母校であった。

ハイデルベルク大学

一八九六年春、マックスは申し出を受けて、ハイデルベルク大学に移った。「こころよい故郷の空気

図19　ネッカー湖畔のヴェーバーハウス

がこのネッカー河畔の都を包んでいたし、幼年時代や最初の学生時代の朗らかな思い出がこの都の方へ彼をひきつけたからである」。

担当したのは国民経済学の理論と実際、農業政策、労働問題に関する大規模な講義であった。彼は入念に準備して、「実例の豊かさと話術の直截さ」によって理解しやすい講義形式をとった。ハイデルベルク大学には、まだ大学時代の恩師が何人かいて、彼の同僚になった。新しい優れた同僚も集まった。法学者ゲオルグ・イェリネック、哲学者ハインリヒ・リッケルトらと交わり、彼らに強い影響を与えた。また後になって社会学者タルコット・パーソンズがハイデルベルク大学に留学するが、その時に師事した社会学者・経済学者のアルフレート・ヴェーバーはマックスの実弟であった。

「捉われない広い精神、溢れるような活気、立体的・直観的な思考、奔放なユーモア、隔てのない感情の温かさが彼を、その人間と交わす学問的精神的交流が楽しくまた実り豊かなものと感じられるような仲間にしていた。」

特に夫妻と密接な友情を結んだのが同年の神学者エルンスト・トレルチ（Ernst Troeltsch, 一八六五―一九二三年）であった。数か月年下のトレルチはアウグスブルクに生まれ、ゲッティンゲン大学、エルランゲン大学、ベルリン大学で神学を学び、一八九四年からハイデルベルク大学組織神学教授であった。一九一〇年から同大学哲学教授を兼任した。同年初頭に、トレルチ夫妻は、ヴェーバーの誘いで、ネッカー河辺のヴェーバー家の三階に同居した。「多年、年中毎日ヴェーバーの無制限な刺激的な力とつきあった」とトレルチは記している。(51)

彼は、一九一四年にベルリン大学教授になったので、それまでマックスとは一八年間同僚として交流したことになる。マックスは公然と彼を「友人」と呼んだ。トレルチは、近代啓蒙主義によって生起されたキリスト教理念の動揺と価値の無秩序に対してどのような新たな価値体系を築くか研究課題にしていたために、マックスとは共通点があり、互いに影響した。彼の神学体系的な構造は、宗教的生活態度への経験的な関心によって構成されており、「ヴェーバーの宗教社会学の概念をも決定的に規定するものでもあった」(52)マックスは講義にも力を入れて、絶えず新鮮な内容のわかりやすい講義を展開した。講義の要綱は教科書にする予定であった。

図20　トレルチ

「こうして新しい生活はたちまち豊かな開花を見せた。自信も柔軟性も増して来たように感じられた」。

エルゼとマリアンネ

ドイツでは一九〇八年までは女性は個人的に許可された場合に限り、大学で学ぶことができた。エルゼ（Elisabeth Jaffe Richthofen, 一八七四―一九七三年）は、ロートリンゲンに生まれ、プロテスタント教徒として洗礼を受けた。教師をした後に一八九四年、二十歳の時、フライブルク大学教授アロイス・リール宅でヴェーバー夫妻と出会った。その後正式に同大学の学生になり、一八九八年秋に、二四歳のエルゼは初めてマックスの講義「国民経済学」を聴き感動した。マックスがハイデルベルク大学に移ると、彼女も同大学に移り、ヴェーバーの指導を受けた。その後、二年間、一九〇〇年まではベルリン大学に学び、マックスの支援もあり、博士号を取得した。エルゼはマリアンネとも親しく、二人はともにマックスの講義を受けた。「学生たちは、みな彼のことを尊敬していました。……彼が病気になったとき、学生たちは見舞状を書き、絵を描かせ、すぐに回復しますようにという願いを込めて彼に贈呈したのです。[53]」

図22　マリアンネ32歳　図21　エルゼ20歳

エルゼの結婚後、マックスは彼女の子供の名付け親になっている。

愛弟子エルゼとマックスとの間には師弟以上の恋愛関係があった。そのことは死後のマックスの手紙等から明らかになっている。

マックスと妻マリアンネとの関係はどうであったのか。結婚後に多忙な日々が続き、二人とも遺伝的に精神的弱さを持っている。二人に子供はできなかった。以上から、二人の間に夫婦生活はそれほどなく、子弟としての知的関係に終始したのではないかと推定される。マリアンネは、マックスの死後も、フェミニズム運動の思想家、実践家になっている。

第四節　「転落」（一八九七年七月：三十三歳）

ハイデルベルグ大学に戻ってマックスは「陽気になり自由になった」。すべてが順調に、満足できる状況にあった。そういう時に、思わぬ人生の苦難に出会うことになる。マリアンネが「転落」と呼ぶ事件である。

両親の不和は家庭内において継続していた。ハイデルベルク大学時代までは、マックスは父にも母にもほぼ同じように手紙を書いていたが、シュトラスブルク時代からは母宛ての手紙が多くなっている。同地には母の姉夫婦がいたためでもある。幼少時代には父は息子たちを連れてよく旅行に行き、父は尊敬されていた。だが、次第に母への同情が強くなっていると思われる。

一八八七年十月二一日に、ベルリンからシュトラスブルクのエミーに宛てた手紙には、両親の不和についての以下の文章がある。

ほとんどいつも、母には一種の圧迫が頭の上にあるようですし、母は要点をまとめあげることが実際にできません。……母が歳をとるにしたがい、明らかにいろいろのことを以前よりもきわめてむずかしく考えなかったならば、それらはすべて大して重要ではなかったでしょう。……父は昔から短気でした。そして父の気分はしばしば、きわめてつまらぬきっかけから急に変化します。以前と比べてこうした変化はいまでは母に本当に深刻な、痛ましい印象をあたえます。こうした印象をひき起こした、父の不機嫌がまったく一時的なものに過ぎなかったときでも、母はその印象を直ぐには忘れません。わたしは家では息子です。そしてわたしが直接立ち入ったら、それは息子としての立場にふさわしくないだろうし、家庭生活を円満にさせないだろうということ――これにはむろん

図23　マックス（23歳）と父

種々の見解がありえますが——を、君はおそらく認めるでしょう[55]。

些細なことで怒る父、それを母は我慢するが、母の心の傷はいやされない。この家庭状況を知っていたエミーは、マックスにヘレーネを父から救ってほしいと申し出た。長男として何とかしたいが、もしも直接自分が父をいさめたら、父権が伝統的に強いドイツにおいては家庭の平和が崩れてしまう。だから、マックスは父をいさめるのを我慢していた。

しかし、それが出来ない場面に遭遇したのである。

その頃、母ヘレーネはベルリンの実家を離れて、子供たちのいるハイデルベルクで毎年数週間、過ごす習慣にしていた。父マックスはベルリンに一人残されて「除けものにされているように感じた」ので、母の習慣には同意できなかった。妻の休暇の期間は自分が決める権利を持っていると父は考えていた。

マックスが教授となりハイデルベルク大学に移った翌年の一八九七年の夏に、母はいつもと違い、父とともにハイデルベルクの子供たちの家に滞在した。この間、母は父がいるので、「くつろぐことが出来なかった」。

この時にヴェーバー家にとって深刻な事件が起きた。マリアンネが「転落」と名付けた事件である。三十三歳になり教授となったマックスが、家族がいる中で、父と激論して父を断罪したのである。そこに同席していたマリアンネはこの事件について以下のように記している。

一八九七年の初夏、それに襲われたものの精神生活に消えることのない痕を残すような激しい嵐が起ったのである……息子（マックス）は鬱積していた憤懣をもはや抑えることができなかった。熔岩は砕けた。途方もないことが起った。息子が父親を裁いたのである。女たちのいる前で審判がおこなわれた。何人の声も彼を引止めなかった。彼は何一つ良心に疚しいことはなかった。あらゆる家庭内の難問題の今までのような穏便な処理にけりをつけるこの爆発に身を任せながら彼は気持ちが良くなった。問題は母の自由ということであり、彼女のほうが弱者だった。何人にも彼女に精神的圧政を加える権利はなかった。……老ウェーバーは性格も違っていたし、生れた時代も違っていた。彼（父）は自分の態度が間違っていたことを――この瞬間にはなおさらのこと――理解しようとも認めようともしなかったし、またできなかった。……彼らは和解せずに別れた。[56]

マリアンネは、この時の両者間の具体的な会話内容を記していないが、マックスは相当厳しい言葉で父を糾弾して、母の立場を擁護し、他の子供たちも母を擁護したと推定される。E・バウムガルテンは以下のように述べている。

彼（マックス）は父に、息子の申し出を聞き入れてくれなければ一切の縁を切っても後悔しない、母が自分を訪ねるにも父を除いて「一人で」きて欲しいと言ったのである。[57]

これまで家庭内では、父が絶対的権力を持っていた。だが、この時にはそれが、明らかに長男により、覆されたのである。マックスはハイデルベルク大学時代には、母だけでなく父とも頻繁に手紙をやり取りしている。だから、信頼していた息子の予想外に厳しい言葉に、父はかなり衝撃を受けたと推定される。

母はいつもなら父に謝罪するのだが、この時には謝罪せずに毅然としていた。この事件の二、三週間後に両親はベルリンの実家に戻った。だが、父は母に対して心を閉ざし、友人とともにポーランド方面に旅行に出た。母は父が気持ちを変えて帰宅することを期待していた。

「しかし程なく彼（父）の遺骸が彼女のもとへ運ばれて来た。胃の出血が俄に彼の生命を奪ったのである」。八月十日に父は旅行先であるリガで急死したのである。六四歳であった。

八月に父の葬儀が行われた。葬儀には、母と子供たちすべてが参席した。彼らはこの悲劇の意味を明瞭に理解していた。マリアンネは、ハイデルベルクでの事件が「彼（父）を精神的に破壊させたに違いない」と推定している。「しかし長男は自責の念に打揺ぶられることはなかった……長い年月ののち、感情に捉われぬ距離を置いてはじめて彼は自分が悪かったと言った」。

ヴェーバーが父の死の原因を理解するには時間が必要であった。

第五節　療養期（一八九七－一九〇一年：三十三－三十七歳）

発病

一八九七年、父の葬式の後、夏の終わりにヴェーバー夫妻はスペインへ旅行した。ピレネー山脈の美しさに心を奪われて、父の死は忘れ去られようとしていた。だがヴェーバーはいつになく落ち着きがなくて「神経の疲弊の兆候」が見受けられた。

夫妻がスペイン旅行から帰って、ヴェーバーに体の変調が現れた。

「(北スペインから)帰国するときになって緊張したオルガニスムスは病気をひきおこした。ヴェーバーは発熱し、何かに脅かされているように感じた」。

図 24　ハイデルベルク大学の講義室

体の変調があってもヴェーバーは、大学の講義の準備をした。秋学期が始まると、いつものように講義と学生指導に心を向けた。また地方数ヶ所における学外の講演も難なく行った。

「そうするうち、——仕事の山積した学期末に、意識されぬ生命の深部から何か恐るべきものが彼にむかって爪を伸ばして来た。或る夜、一人の学生の試験のために例によって精魂をすり尽くしてきたあとで、頭の猛烈なほてりと強い緊張感とともに疲労困憊が彼を襲った。」秋学期は終ったが、異常はそのままつづいた。

ヴェーバーは危険が迫っているように感じて医者の診察を受けた。医者は「この頑健な男の体の変調を軽く取り、不断の過労と感情の昂奮によるものだと説明し、旅行を勧めた」。

その後、不眠、機能障がい、疲労困憊、緊張感、そして遺伝の神経疾患

図 25　ボーデン湖畔のサナトリウム

がヴェーバーを襲った。「苦痛な勃起と射精を伴う、責めさいなまれるような夢と睡眠障がい[58]」から生じた顕著な鬱病だと推定される。

「二、三週間知的労働を続けると、睡眠が取れなくなり出し、機能障がいが起こって来た。ウェーバーは病気だと感じた」。

「彼は疲労困憊し、彼の頑強な体質も揺るぎ、涙が溢れ出た。……完全に睡眠を奪ってしまった。……教えることが苦しみになった」。

「今では午後と夜はちょっとした音が苦痛となった。ミーツェ〔牝猫の名〕までもこうなると困り者でした。時々正午や早朝鳴き、そのためマックスがすっかり怒り狂ってしまうからです」。

「今は体は痩せ顔色は悪くなっている……この数週間は、自分の職業上の義務を当分果し得ないように感じられるというので、ほとんど堪え抜くことのできないほどの苦痛だったのです」。

入院

一八九八年春にヴェーバーはスイスのレマン湖畔に療養し、夏にはボーデン湖畔のサナトリウムに入院した。このサナトリウムは一八八三年に開設されていた。図25は一九〇九年のサナトリウムである。

一八九九年の夏学期では、講義は免ぜられたが、ゼミナールと学生指導は続けられた。夏の休暇には夫妻でヴェネツィアへ行き、そこで一時的に回復したが、秋になり大学の業務を開始すると再び「今までのすべてのものよりももっとひどい崩壊」が起きた。「今後長期間にわたってどれほどささやかな量であれ職務に携わることは自分の病苦をますます深め、自分の精神を危険にさらすということを疑うことができなかった」。

冬にヴェーバーは、ハイデルベルク大学に辞表を提出した。

病状はさらに悪化して、一九〇〇年七月には、ついにラウエ・アルプスのウラハ精神病院に入院した。この精神病院は一八八三年にドイツのバーデン゠ヴュルテンベルク州に開設されている。図26は一八九二年における病院全景図である。

図 26　ウラハ精神病院

「夫妻は長期にわたってこの苦しみの地（ボーデン湖畔サナトリウム）を去り、家を畳むことにした。」ウェーバーは、まずラウエ・アルプス連山のウラハ精神病院に行き、そこに一人で数週間滞在した。その後、妻マリアンネが合流した。「いよいよどん底まで落ち込んだのである。……ウェーバーはこうして、シュヴァーベンの森の都ウラハで善良で質朴な人々にまじってものうい静かな数箇月を送った。……今では彼の生活は最も小さな範囲に限定されており、どんな問題性も近づけてはならず、愛するものの訪問すらも緊張となった。時として自然が心を紛らし、喜びを与えてくれた。特に、車中で移り変わっていく風景を苦労もなく眺めていられるときには」。近くにはベネディクト派の修道院があった。

ウラハ精神病院には従兄オットーもいた。秋と冬に夫妻は休暇を取り、オットーとコルシカ島に行き、「山に囲まれた入江を南のほうに見

図27　闘病期のヴェーバー　37歳

晴らす美しいホテル」で過ごした。

「彼は苦しい思いをしながら一時的に自分自身から解放されることしかゆるされなかった。聡明なだけに彼は絶望に捉われていた。そしてすべての新しいものに面しても、彼の顔は束の間かがやくだけで、かならずまたアパシーと深い昏迷の帳が彼の顔を蔽ってしまうのである」。

ホテルは経営上の理由で閉ざされたので、家具調度付きのアパートに三人は移った。そこにはホテルに備えられていた音楽や玉突き施設、カフェも新聞もなかった。長い雨期になり外出もできなくなった。また、同じ病状のオットーが同居していたので「ヴェーバーはよくソファに横たわってなんということなくただぼんやりしていた」。

回復

一九〇一年の三月からローマに滞在して、そこから南イタリア各地を訪問した。夏はスイスで過ごした。一九〇一年に、ヴェーバーは一本の論文も書いていない。

ローマに滞在した頃からヴェーバーは病気から回復し始める。

「ローマでは彼は今日の生活の厭しさを超えてあらゆる時代を通ずる永遠的なものに合体し、知識によって知った過去の偉大さというものを実際に見ることによってはっきりと体験し、自分の自我を拡大して歴史の容器とすることができた。この大都市のどの古い石も彼の歴史的想像力に語りかけ彼を強く刺戟した。これはあらゆる治療法に優っていた」

明るい気候の南イタリアのナポリ、ソレント、ポンペイ、カプリ、ペストゥムの古代ローマの遺跡や修道院を訪れることが、回復の契機になった。

「この光りかがやく壮観に我を忘れているうちに彼の平衡はふたたび恢復して来た」。「とくに彼は永遠の都〔ローマ〕の太陽と壮麗さのおかげで歴史に滲透された時間を楽しむことが出来、ほとんど一年にわたってこのような時間が彼の索漠たる現在を生甲斐のあるものにしてくれたのであった」。「若い聖職者たちがひらひらする僧服を脱いで、ほかの俗人たちと同じように球技をやって手足を動かしているのを見て楽しんだ。自然もその他のすべてのものもいい影響を与えた」。

夏にスイスのグリンデルワルトへ避暑した、だが病は再発した。「南方で取鎮められた悪霊たちが顔をゆすぶりはじめた。不眠、昂奮、不安、人を苦しますあらゆる悪魔が飛出して来た。……病人はこの再発のために非常にふさいでしまった」。

やはり気候の変化が病気に影響していると考えられる。

秋に夫妻はローマに帰り、イタリアの知人が貸してくれた「隠れ家」で暮らした。

この時、母ヘレーネがベルリンから訪ねて来た。五七歳の母はローマに来るのは初めてであり、息子夫婦の家に数週間滞在した。母は夫妻とともに、キリスト教に関連する古代遺跡、カタコンベ、教会、修道院、サンピエトロ寺院や、「異教」のパンテオン等を訪れて土産も買い楽しく過ごした。快方に向かっている息子を見て、母は「幸福だった」。

母の滞在中に、ヴェーバーは芸術史に関する本を読み始めた。それを見て、「まあ御覧なさい、本を読んでいるわ！」とマリアンネとヘレーネは叫んだ。「専門の本だけは読まない」と彼は答えた。

「快復は中断しなかった。話をする自信もふたたびできて来て、時々蟄居生活から抜け出して他の人々と精神的交流をすることができるようになった」。

ヴェーバーは、訪れた知人の教授や研究者と議論するようになった。さらに史学研究所図書館修道院の歴史に関する古文書だけでなく、ジンメルの『貨幣の哲学』等の専門書をも読めるようになった。一九〇一年の秋には翌年の夏学期の講義を予告するほど回復した。

第六節　最盛期（一九〇二－一九一四年：三八－五十歳）

時代状況

ドイツは十九世紀末に、それまでの慎重な態度を捨てて、世界政策を展開することになる。国内の雇用を確保し、経済的成長を維持し、福祉を実現する上で、世界政策が必要とされたからである。一八九八年には大艦隊建造計画が作られた。これはイギリスの海上支配に対抗するものであった。外交的に、ドイツは、イギリスをイタリア、オーストリア・ハンガリーとの三国同盟に加えようとしたが成功せず、一八九四年には露仏同盟が、一九〇四年には英仏協商が成立した。ドイツは孤立の道を歩むことになった。フランスはモロッコにおける権益を守るためにイギリスの支持を得た。

一九〇五年、日露戦争中のロシアに、血の日曜日事件が起きた。同年、ヴィルヘルム二世は、モロッコにおけるドイツの権益を確認しようとタンジールに赴いた。フランスはドイツに権益を譲ったが、イギリスとドイツの対立は深まった。一九〇七年には英露協商が成立して、その結果、英仏露の三国協商が成立して、独伊墺の三国同盟と対立する形ができあがった。

日露戦争に敗北したロシアはバルカン半島に目を向け、オーストリア・ハンガリーと対立することになった。一九〇八年、トルコ国内の革命運動をきっかけにしてオーストリア・ハンガリーはトルコ領ボスニア・ヘルツェゴヴィナ両州を併合した。バルカン半島は「ヨーロッパの火薬庫」と呼ばれ、近隣諸国に列強の干渉が加わって、二度にわたるバルカン戦争を引き起こした。第一次バルカン戦争は一九一二年なトルコと同盟諸国の間で、トルコ敗退後の第二次バルカン戦争には、ブルガリアとセルビア、ギリシャ、ルーマニアなどが戦争状態に入った。

図 28　ハイデルベルク、ネッカー川沿いの風景

名誉教授就任

一九〇二年春の復活祭に、ヴェーバー夫妻は一年一ヶ月滞在したローマを去りフィレンツェを訪問した。だがこの時にヴェーバーの病気が再発し、ハイデルベルク大学に二度目の辞表を郵送して帰宅した。四月にハイデルベルクの家で執筆活動を再開した。

翌年には三月にイタリア、夏にはオランダ、ベルギー、十月にはオランダ旅行した。帰国して提出した三度目の辞表が大学に受理され、十月からハイデルベルク大学名誉教授になった。年金を受けるが学位審査権も教授会での発言権も与えられなかった。ただ小さな講義は委嘱された。「私は退職ということを事実悲観的には感じていません。……いつかかならず抜穴を見つけて天空高く飛び立って行くよ」とヴェーバーは状況を前向きにとらえた。これは、新約聖書第一コリント書十章一三節の「神は真実な方ですから、あなたがたを耐えることのできないような試練に会わせるようなことはなさいません。むしろ、耐えることのできるように、試練とともに、脱出の道も備えてくださいます」に基づく信仰者の言葉だと考えられる。

一九〇三年九月十日、結婚十周年記念日に、ヴェーバーは妻に以下のように述べている。

「これからの十年間が、これまでの私たちの十年間がかぎりなくゆたかに与えてくれたのと同じほどの内的な人生の富を私たちにもたらしてくれるものと私たちは今や期待したい。……その他のすべて、腹立たしいことや阻害などは、それにくらべればまったく言うに足りぬほどつまらない枝葉末節のことにすぎない。」

同月にはハンブルクにおける社会政策学会に出席し、『ロッシャーとクニースおよび歴史学派経済学の論理的諸問題』を完成した。そして『プロテスタンティズムの倫理と資本主義の精神』の研究を開始した。

人生に前向きで、研究に精力的に取り組むヴェーバーの性格が確認できる。

名誉教授として大学での教育や諸業務からほぼ自由になり、年金や遺産により経済的にも支えられ研究に従事できる。図書館も研究室も使用できる。これは研究者にとっては理想的な環境である。

一九〇四年春には、四十歳という人生で最も活動できる年齢になっていた。苦難の後に学問研究における最盛期に入った。

一年間の研究業績

病気回復後ヴェーバーは、宗教の観点にたった歴史学研究を新たに開始した。

この時期に書かれたのがヴェーバーの代表的作品『プロテスタンティズムの倫理と資本主義の精神』第一章である。この書は、近代資本主義の合理的精神と宗教改革との歴史的関係を扱う書であり、学術界における不朽の研究書である。経済学と歴史学と神学の観点からの学際的な研究が展開されている。

この年における学問的業績は多く、以下の通りである。

『プロテスタンティズムの倫理と資本主義の精神』第一章
『社会科学的・社会政策的認識の〈客観性〉』
『プロイセンにおける世襲財産問題の農業統計的、社会政策的考察』
『最近十年間のドイツ文献に現れた古ゲルマンの社会組織の性格をめぐる論争』

アメリカ研究旅行

一九〇四年八月、フライブルク大学からハーバード大学に移ったユダヤ人心理学者ヒューゴ・ミュンスタベルク教授（Hugo Münsterberg, 一八六三－一九一六年）からの招待を受けて、ヴェーバー夫妻はセントルイス世界博覧会に合わせて開催される科学技術大会（国際的学術会議）に出席するために渡米した。友人のトレルチも同行したが身内の不幸のために途中で帰国した。学術会議では「ドイツ農民問題の過去と現在」と題して講演した。その後、冬に帰国するまでに、精力的に米国各地を旅行して調査した。一九〇四年の主な旅程は以下である。

八月二十日：ドイツのブレーマーハーフェン港から汽船に乗る
　三十日：ニューヨークに到着。
九月六日：ナイアガラ滝近くのノースナワンダのドイツ改革派教
　　会牧師ハウプト宅に滞在
　八日：バッファロー
　九日：シカゴのハルハウス（慈善施設）
　　ハヴァフォード大学、シカゴ大学
　十七日：セントルイス世界博覧会で講演

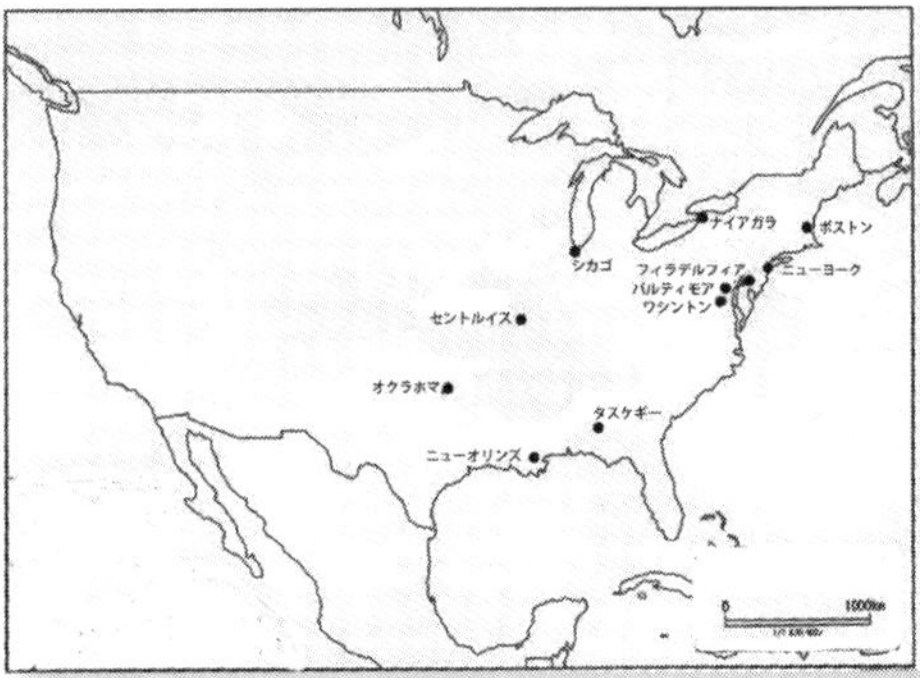

図29　ヴェーバーがアメリカで訪問した場所

　　ガスリー、マスコギーのインディアン保護地域
　　オクラホマ、ニューオリンズ、タスケギー、ワシントン、ボルティモア
十月二四日：フィラデルフィアのブリンマーカレッジ訪問、キリスト教会、クェーカー信徒宅
　二八日：ボストンのフーゴ・ミュンスタベルク教授宅滞在
十一月五日：ニューヨークマンハッタン　コロンビア大学訪問
　ユ人街、ユダヤ人少年クラブ、ドイツ移民区、黒人街、教育施設、黒人教会礼拝、マ

ンハッタンの教会等である。

調査目的は、米国人の行動の特色、宗教状況等を知ることであり、教会や大学における礼拝、ユダヤ移民の状況等も調査している。夫妻は日曜礼拝に出て各地の牧師家庭と交流した。またバプテスト教会における浸礼式（バプテスマ）を初めて見学した。マリアンネは、単身、各地の慈善施設やセツルメントを訪問している[59]。

図30　コロンビア大学キャンパス　図書館（左奥）

「日曜の早朝ジェイムズ、フランク、ベッティと教会へ行きました。若いメソディストの牧師が正午ジェイムズのところへ来、全然教会に無縁なジェフとその家族までも一緒でした。午後は皆でバプティストの洗礼を見に行きました」。

ルター派やカルヴァン派の教会では洗礼は滴礼であるために、体全体を水に浸す洗礼（バプテスマ）にヴェーバーは興味を持ったと考えられる。またニューヨークのマンハッタンでは、東欧ユダヤ人の演劇「ベニスの商人」を観た。オクラホマでは混血インディアン宅に宿泊した。

ヴェーバーの調査態度について、マリアンネは以下のように述べている。

「マックスはとにかく、今までのところは病気以来嘗てなかったほど元気です。特に駆けまわることにかけては」「彼はすべてを愛情をもっ

図31　1905年のヴェーバー　41歳（前列左）

て理解し、できるだけ多くのものを自分の裡に摂取しようとした」「旅に出るといつもそうなのですが、一番誰の目にもわかるように感激しているのはマックスです」「ウェーバーは特にコロンビア大学の図書館を隅から隅まで調べ、これまでのあらゆる印象を掘り下げてみたいと思った」「ウェーバーの受容能力はいつも同じ強度を保っており、実際彼はその精神的変形力を以てあらゆるものから何かを作り出すことができた」。

　米国での最期の日、夫妻はニューヨークのマンハッタンにあるブルックリン橋辺りを散策して、夜はロアーイーストサイドのユダヤ人街で過ごした。

　夕方には東欧ユダヤ人によるイディッシュ語劇を見て、「〈極めつけのユダヤ人〉である」博士と劇作家と懇談した。イディッシュ語にヘブライ語とロシア語の混じる会話であり、夫妻は理解するのに苦労している。

　翌日、夫妻はニューヨーク港から汽船に乗った。船上においてマリアンネは、「彼は感謝の心をもって、これほど幸福な日々を自分に与えてくれたこの国を振り返って見た」と述べている。また彼女自身は、夫が「もうすっかり病が癒えて、ゆっくりと蓄えられた力をふたたび意識しはじめている人間」になったことを感得している。そのためかこの頃のヴェーバーは別人のように肥満している（図31）。

　ヴェーバー自身は、「全国に散らばったいろいろな宗派やカレッジに附設されている図書館」を特別によく見たと述べ、「旅行は単に学問的視野の拡大という一般的見地（それと健康上の見地）から有益だった」と結んでいる。また、自分の健康状態に関しては「精神的緊張なしに頭脳を刺戟し働かせることこそ、一般的に言って唯一の治療法です」と述べている。

米国において精力的に宗教に関する実地調査をして収集した資料をも使用して、二年後に『プロテスタンティズムの倫理と資本主義の精神』第二章が執筆された。

図32　血の日曜日事件

ロシア革命論

サンクトペテルブルグにおいて、一九〇五年一月七日に血の日曜日事件が起きた。労働者による平和的請願行進に対して、政府により動員された軍隊が銃撃した事件である。参加者六万人のうち、死者は四千人以上に達した。この事件はロシア第一革命の契機になった。

ヴェーバーは即座にこの事件に応答した。

「ロシア革命がヴェーバーを呪縛してしまった。彼は学問的な仕事を中断し、短い期間のうちに――朝早くからベッドのなかで――新聞を読解するに足るくらいのロシア語を学び、極度の関心をもって事件を追った。それから彼はそれを自分の筆で書き綴り、目録としての体裁をととのえた」。

「一九〇五年に最初のロシア革命がはじまったとき、ふたたび彼の政治的関心は激しくかきたてられた。彼は至急ロシア語をマスターし、多くのロシア語の新聞を読んで日々の事件を熱心に辿り、……当時ハイデルベルクへ亡命していたロシアの国法学教授キスティアコフスキーと話し合って活発な意見交換をおこなった。……ウェーバーはロシア民族の心情と文化に精通し、何箇月にもわたって息もつかぬほど熱心にロシアの悲劇を観察した」(60)。

なぜヴェーバーは三か月という短期間において、ロシア語をマスターしてロシア語の新聞を読むことができたのであろうか。もちろん本人の語学力と強い意志もあるが、理由以下の三点が指摘できる。第一に、ハイデルベルク大学にはキスティアコフスキー教授だけでなくロシア出身の教授や学生がいて、彼らとの交流が以前からあり、ロシア語文献も図書館にあったこと、第二に、ドイツ人にとってロシア語はそれほど難解な言語ではないこと、第三に、ロシア語に限らず、一般的に新聞の見出しは名詞が主であり、辞書で難なく翻訳できること、である。

ヴェーバーのロシア革命に関する研究の成果は、「ロシアにおけるブルジョア・デモクラシーの現状について」「ロシアの疑似立憲主義への移行」の二つの論文であった。これらの論文では、ロシアのツァー体制とドイツの皇帝の「個人支配」が比較され、また、ロシアの未来については楽観的に論じられている。

ジンメル招聘事件

ゲオルク・ジンメル（Georg Simmel, 一八五八―一九一八年）は一八五八年にベルリンの裕福なユダヤ商人の家に生まれて、プロテスタントの洗礼を受けた。ベルリン大学に学び、哲学博士号を授与された。そして一八八五年に同大学の私講師に、一九〇〇年には助教授になり社会学に関する著書をいくつか刊行した。だがユダヤ系のために不遇な扱いを受けて正教授になれなかった。一九〇四年にハイデルベルク大学学長代理になったトレルチはジンメル招聘の為に尽力した。一九〇八年には、ヴェーバーがジンメルをハイデルベル大学哲学正教授に推薦した。しかし、成功しなかった。

ヴェーバーは、ジンメルをハイデルベル大学に招聘できなかった理由は、「教授的虚栄心」と「反ユダヤ主義」だと結論して教授団を批判した。

「……ヴェーバーを激昂させたのは、多くの仲間たちが教職の招聘に際して、真に優れて際立った人格ではなく、凡庸だが人当たりのいい同僚を優先させようとする周知の傾向であった。彼はそこに、教授的虚栄心という特殊な職業病の表れを見ていた。これと同様にとりわけゲオルグ・ジンメルのような優れた知性をその正当な活動領域から遠ざけている反ユダヤ主義も、彼にとっては憎むべきものであった。この哲学者を……ハイデルベルクに連れてくることに成功しなかったため、彼はずっと関係者たちに対して憤懣を抱いていた。——そして最後に彼は、社会民主主義的傾向の学者たちの受け入れを妨げている政治的自由の欠如と臆病さを憎んだ[61]」。

図 33　ジンメル

大学は、「精神的自由と精神的闘争の場所」であり、宗教により差別する場ではない。教授招聘に関しても、教授の人格ではなくて、純粋に学問的業績により判断すべきであるとするヴェーバーの大学観と学問観が現れている。

ジンメルは、六年後の一九一四年に、ようやくシュトラスブルク大学哲学正教授に就任するが、四年後に肝臓癌のために六十歳で死去した。

「ヴェーバー・クライス」

一九〇七年、ヴェーバーは社会政策学会に出席して、ドイツ皇帝と社会民主党を自由主義の立場から批判した。この頃、ハイデルベルクの彼の家には、多くの学者や政治家、学生が出入りしていた。カール・ヤスパース、ヴェルナー・ゾンバルト、ゲオルグ・ジンメルも訪れた。

図34 ヤスパース

カール・ヤスパース（Karl Jaspers 一八八三—一九六九年）は、ハイデルベルク大学医学部に学び、一九〇九年、医師国家試験に合格して同大学精神科クリニックの助手になり医学博士号を取得したところであった。知人に連れられて、彼は初めてヴェーバーに出会った。この時、ヤスパースはヴェーバーのうちに「哲学者の化身」を見た。すなわち、ヴェーバーは、「自ら価値を定めてそれに生きている偉大な人格」であった。ヤスパースの実存主義哲学は、ヴェーバーとの出会いが影響したと考えられている。翌年に結婚した後も、ヤスパースは家族ぐるみでヴェーバー夫妻と交流した。一九二〇年、ヴェーバーの死にあたり、学生主催の追悼祭でヤスパースは講演をした。さらに一九三二年にはヴェーバー論を書いた。[61]

ヴェーバー夫妻は、一九一〇年にはネッカー河畔のファレンシュタイン家の三階建て邸宅に転居した。同僚のトレルチも四年間、三階に同居した。白い邸宅のベランダからはネッカー川向こうに広大なハイデルベルク城を眺めることが出来た。

ベルリンの実家で開催された日曜午後のサロンと同じように、この邸宅にも著名な学者や政治家等が集い、毎晩のように議論が交わされた。
移り住んだ一九一〇年には、詩人のシュテファン・ゲオルゲ、ハンガリーの哲学者ジェルジュ・ルカーチ、ユダヤ人のマルクス主義哲学者エルンスト・ブロッホが訪れた。その後、哲学者ではヴィンデルバンド、精神医学のグルーレ、文学者のグンドルフも集まった。

ハイデルベルク大学歴史学専攻の学生であったパウロ・ホーニヒスハイムは、一九一三年頃にこのサロンに出席し、「マックス・ウェーバーは小さなケーキを八個もむさぼるように食べた[63]」とノートに記している。ヴェーバーは相当な健啖家だったようである。このサロンには、学者だけでなく、芸術家も集まった。一九一一年の年頭には、ヴェーバーは特に音楽鑑賞にふけり、翌年にかけてのヨーロッパ旅行の時にも音楽や美術に関心を向けた。パリに滞在していた時には「自分の音楽社会学の論文のことを考えていたからフランス音楽も聞きたかったし、いつかはすべての芸術を包括する社会学を書こうと思っていたから近代絵画・彫刻も見たかったのだ」と夫人は記している。

図35　現在のヴェーバーハウス

図36　過去のヴェーバーハウスからの景色

この集まりは「ヴェーバー・クライス(輪)」と呼ばれて、著名人が集まることから「ハイデルベルクの奇跡」とも言われた。

この邸宅は、現在はハイデルベルク大学国際学生センターとなり語学教育も行われている。(図35参照)

第七節　円熟期（一九一五―一九二〇年：五一―五六歳）

時代状況

イギリスとドイツは巨艦を製造して海軍力を増強した。イギリスは、ケープ、カイロ、カルカッタを結ぶ鉄道を建設しようとした（三C政策）。一方ドイツは、ベルリン、ビザンティウム、バグダッドを結ぶ鉄道建設を計画し（三B政策）、戦争の危機が迫った。

一九一四年六月二八日、オーストリア・ハンガリーの帝位継承者フランツ・フェルディナンドが、併合したボスニアの首都サラエヴォで一青年に狙撃されて死去した。この「サラエヴォの暗殺」をきっかけにして、第一次世界大戦が一九一四年七月二八日に勃発した。

同年六月に、サラエヴォ事件の報が号外としてヴェーバーに届けられた時、ヴェーバーは沈黙し、「主よ、我々を世界戦争へ突き落とそうとする者どもの愚昧から、我々を護りたまえ！」と祈った(64)。

ヴェーバーの円熟期は、この戦争の時期に重なる。ヴェーバーは政治活動と研究活動に集中し、特に研究活動では、研究対象を世界宗教に広げた。

世界宗教の研究

第一次世界大戦の開戦後、ヴェーバーはハイデルベルクの予備陸軍病院委員会に勤務した。

翌年、弟のカールが戦死し、ヴェーバーにブリュッセル軍政当局のための経済政策関係の業務に就く要請があり、当地に行ったが成果はなかった。ヴェーバーは、ハイデルベルク野戦病院委員会の業務を辞退して、ベルリンで政治的活動に従おうとしてできない状態にあった。彼はその頃から宗教社会学の研究に専心している。同年にはヒンドゥー教と仏教についての論文にとりかかり、一九一六年秋には、古代ユダヤ教のヘブライ語文献を原語で読んで行った。「マックスは今はほとんど骨と皮になっています――けれどもその一方で大層勤勉で、全般的には溌剌としています。旧約聖書を研究し、預言者たちの書や詩篇やヨブ記を分析し、夜は時々一番新しく書いたところを私に読んでくれます」。

宗教社会学に関する研究成果は以下になる。

一九一六年：『世界宗教の経済倫理』序説　一「儒教と道教」二「ヒンドゥー教と仏教」
一九一七年：『ザルツブルクのカトリック系大学』
　『世界宗教の経済倫理』三「古代ユダヤ教」
　『パリサイ人』

このように、戦争の時代において、ヴェーバーは、儒教、道教、インド教、仏教、古代ユダヤ教と、研究対象を広げて世界宗教の研究に専念した。

戦争と政治活動

開戦時、戦争に対して、彼は肯定的であり、感謝さえしている。

「戦争が免れられないものとなったときその戦争を体験することのできた自分の運命をヴェーバーは感謝した。……この戦争はその一切の醜悪さにかかわらずやはり偉大ですばらしい、これを体験することは有益なことだ――その戦場に立てればもっと有益であろうが、残念ながら私は前線ではなにの役に立ち得ない、手遅れにならぬうちに――二十五年前に――戦争があったとすれば役に立てただろうが」

彼は、戦争を「偉大ですばらしい」「有益」だとして、役に立ちたいと述べている。

図37　沈没するルシタニア号（想像図）

一九一五年五月七日、ドイツの潜水艦攻撃により、旅客船ルシタニア号が大西洋で沈没して民間人が犠牲になった。それでもドイツの無制限潜水艦作戦は継続した。九月には皇帝ヴィルヘルム二世により同作戦は一旦中止された。翌一九一六年初頭には、ヴェーバーは、潜水艦作戦強化反対の覚書を、首相官邸と外務省と諸政党指導者に送付した。

米国が、ドイツに宣戦布告した一九一七年四月六日以降、ヴェーバーの戦争観は変化していく。

「戦争は一切の英雄的な力と愛情による自己犠牲の精神との異常な緊張としては壮大なものであるが、何年間にもわたって日常化されればあらゆる点で恐るべき悪となり、圧迫された国民の肉体的のみならず精神的な闘志をも消滅させるだろう」

戦争の利点を認めつつ、彼は、戦争が日常化されれば悪となることを述べている。

この様な戦争観に基づき、政治問題に対して活発に発言した。軍当局は、彼の政治批判を発表した『フランクフルト新聞』四月二六日号を差し押さえた。『ミュンヘン新報』でも、ヴェーバーは極右政党を批判し、議会主義化を提案した。

「ヴェーバーの政治的諸論文は新しい重大な緊張の時代にあらわれた。それらはセンセーションをよびおこした。……論文のうち皇帝の政治的失策を政治指導者たちが許容していることの責任を問うたものは、軍当局をして『フランクフルト新聞』に検閲を加えさせることとなった」。

一九一八年には停戦交渉が開始され、皇帝が退位して社会民主党党首エーベルトを臨時宰相に指名して臨時政府が成立した。臨時政府の人民委員会議の閣議で、ヴェーバーを内務大臣に任命する案が出されたが、本人には通知されなかった。憲法草案準備の審議には、ヴェーバーは一人の民間人として参加した。ヴェーバーは夏学期の講義をウィーン大学で行っているが、自由主義左派のドイツ民主党の創立に参加した。

一九一九年、政治的活動として、ヴェーバーは一月に民主党のため選挙運動に参加した。また、ミュンヘンの非組合員学生同盟の連続講演「職業としての精神労働」において「職業としての学問」と「職業としての政治」の二講演を行い、好評を得た。

図 38
ヴェーバー 54 歳

エーベルトが二月に大統領に就任し、七月にヴェルサイユ講和条約が調印された。ドイツは戦争に敗北したが、ヴェーバーは友人と共に「ハイデルベルク正義の政治のための集い」を結成して、連合国の戦争責任理論に反対を唱えた。

学問に従事する者が政治に意見を表明することは、避けるべきことであった。だが「戦争中にもなお君主側近の完全な無知蒙昧さがおもてにあらわれた」時には、政治に発言すべきである、とヴェーバーは考えていた。

「ここで問題になっているのは謂わばジャーナリスティックなその場だけの論争にすぎないという印象を打消すために、やはり私は発言しなければならぬと思いました。私がそれ自体としては純粋に学問的な仕事に、そして将来は多分また教職に生きるつもりでおり、現実政治には参加することを望まず、しかも自分の教育活動の中に政治的価値判断を引き入れることは原則上の理由からして多くの他の大学教授よりもはるかに厳しく避けていることは、大公の政府も承知しています」。

晩年

一九一九年六月十五日、ヴェーバーはミュンヘン大学教授に赴任し、ミュンヘンに移住した。彼は「社会学のカテゴリー」「一般社会経済史」の講義を担当した。この時、ヴェーバーの指導を得ようと、ハイデルベルク大学の多数の学生がミュンヘンに移住した。十月に母ヘレーネが七五歳で死去した。

一九二〇年、ミュンヘン大学右翼学生の活動をヴェーバーは批判した。そのために、学生は反ヴェーバーのデモを行った。四月には、ヴェーバーを党代表にしようと民主党が画策するが、ヴェーバーは辞退した。同月には妹リリー・シェーファーが死去し、ヴェーバー夫妻には子供がいなかったのでリリーの四人の遺児を引き取ろうとした。

六月初頭、ヴェーバーはスペイン風邪に感染した。ひどい咳、肺炎、そして猛烈な精神錯乱が彼の症状であった。

最期の言葉

「死の前々日の夜彼は弟子が自分の枕元にいるという幻想を抱いた。彼はその弟子を試験し、感動的な声で彼を褒めた。……彼は自分の身のまわりにいるすべての人を識別し、やさしい愛の言葉を彼らに贈った。……彼の偉大さは去らなかった。いや、偉大さのみならず、その上品さも、ヒューモアも。彼は闇の力に対して抵抗した。何度となく彼はそれとない別れの言葉を言った。一度彼は、明らかに未完成の著書のことについてであったが、形容を絶した崇高さをもって言った。『あれももう私には今は全然どうでもいいものだ』と」。

多少美化されてはいるが、教えた学生への愛情、そして使命としての学問研究への情熱、死ぬことへの自覚が理解できる。そしてヴェーバーは最期の言葉を発した。

「真実こそは真理だ」Das Wahre ist die Wahrheit.――……それから彼は言った。「ああ、みんな、もうそんなことはやめてくれ、実際何の役にも立たないのだから」。

「真実こそは真理だ」。この謎めいた言葉は様々に解釈できる。学者の遺言とすれば、「真実」は個々の事象や認識であり、「真理」はそれらを包含する体系的な法則や理論だと解釈できる。信仰者の遺言だとすれば、「真実」は真実に生きた個人の地上生涯であり、「真理」は死後に天国において彼を迎える神だと解される。

今まさに死にゆく者の言葉だとすれば、「真実」は、神の使命に真実に生きてきたヴェーバー自身の

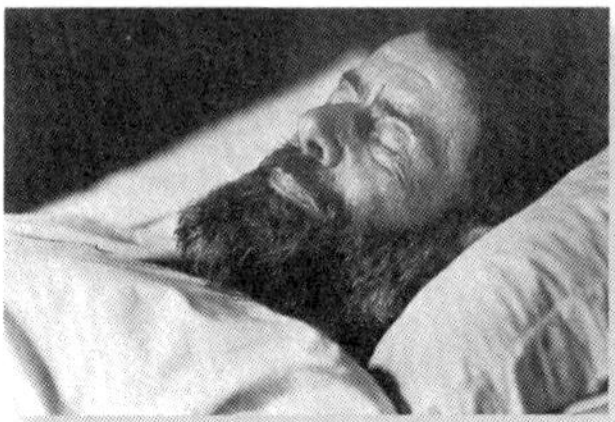

図39　死床のヴェーバー56歳

ことであり、「真理」は、「わたしは真理です」と語ったイエス・キリストのことだと考えられる。なぜならイエスが「わたしは真理です」Ich bin die Wahrheitと語った時（ヨハネ福音書十四章六節）も、またパウロが「真理はイエスにある」es Wahrheit in Jesus ist と述べた（エペソ書四章二十一節）時も、ヴェーバーが使用したと考えられるルター訳ドイツ語聖書では「真理」はヴェーバーが語ったのと同じ単語 Wahrheit が使用されているからである。したがって、「今、私の内にイエスがおられ、私は、真理であるイエスのみもとへひきあげられようとしている」、という、ヴェーバー最期の信仰告白であったと考えられる。だからこそ、この後に「そんなこと」すなわち、地上の些細な配慮等を「何の役にも立たない」と拒否したのではないだろうか。

死

「六月十四日月曜、外の世界はまったく静かになった。ただ一羽の鶫が間断なくその憧れに満ちた歌をうたっていた。時は静止していた。夕刻彼は最後の息を吐き出した。彼が身罷って行くとき雷雨が訪れた。稲妻が色褪せて行く顔の上に閃いた。彼は昇天した騎士の像となった。それから彼は近づくことのできぬ神秘のなかに威厳に満ちて眠っていた。彼の顔は温和さと気高い諦念を告げていた。到り着くことのできぬ遠方に彼は押しやられていた。この世はその相貌を変えてしまったのだ」。

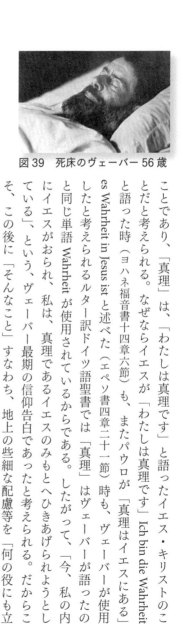

ヴェーバーの遺骸はミュンヘンの墓地に埋葬され、一年後にはハイデルベルクの墓地に移された。同年七月十七日に、ハイデルベルク大学学生主催でマックス・ヴェーバー追悼会が開催され、ヤスパースが記念講演をした。

ハイデルベルクにあるヴェーバーの墓標には、十字架は刻まれてはいない。高さ二・五メートルの大きく風変わりな石柱の墓。その左側面には「移ろい行くものはすべて一個の比喩にすぎず」とのゲーテの言葉が、右側面には「この者に及ぶ者はいない」との言葉が、ドイツ語で刻まれている。一九五四年三月以降は、マックス・ヴェーバーの名の下に、妻であるマリアンネ・ヴェーバーの名が刻まれた。

第八節　ヴェーバーの信仰

図40　ヴェーバーの墓

生涯

人生は、「遺伝」、「環境」、「本人の応答」の三つの要素により決定する。ヴェーバーの生涯を、この三点からまとめる。

「遺伝」の観点からは、父方は、商人と政治家の家系であり、母方は学者を生みだす恵まれた家系であったが、同時に精神病に罹る可能性のある家系でもあった。

「環境」の観点からは、幼少期から青年期はベルリンで、大学時代と大学教授時代はハイデルベルクで過ごし、ベルリン大学とハイデルベルク大学と、実に恵まれた教育環境にいたことがわかる。また、母と母方の親戚には信仰者が多く、宗教的環境にも恵まれていた。ただし、家庭では父が専制的で、父母の間には愛情関係はあまりなく、家庭環境には問題があった。そのために父と決定的な事件が起きた。

療養時代、明るく温暖な環境のイタリアで過ごしたことが、回復の契機になった。そこで古代ローマの遺跡や修道院等を訪問して新たな研究へとつながった。快復後に米国で各地を旅行したことも、研究を発展させることになった。

何よりも、四十歳以降十数年間にわたるハイデルベルク大学名誉教授という地位は、経済的にも年金と遺産により支えられ、教育業務から解放されて、学問研究に集中できる最善の環境であった。また、五年に及ぶ療養生活という苦難があったから、知的世界が世界宗教へと広がり、ヴェーバーにとって、苦難が結果的に、大きな益になったと言える。

では「本人の応答」はどのようであったか。彼は、知的探求心が強く、幼少の時から興味あることを自分なりに徹底的に探索していった。また、人生に対して前向きに情熱をもって対処した。学問研究も調査旅行も学生の教育にも、意欲的であった。また並優れた集中力によって研究活動に従事した。父を断罪し、同僚の教授、不正な政策や軍当局を批判するという権威に対する闘争心も強くあった。他方、音楽を愛し、理解ある妻と各地を旅行して、気分転換をはかることもしている。

子供は与えられなかったが、家庭パーティーにより多くの学者や学生と交流することが生きがいになったと考えられる。

人生の苦難に対して前向きに応答したヴェーバー。その背景には彼の信仰があったと考えられる。

福音的信仰

「私は宗教音痴です」とヴェーバーは語った。だが続けて、「しかし精密に自己検討してみると、私は反宗教的でもなければ非宗教的でもない」と述べている。ということは、小さいながら信仰は持っているとヴェーバーが告白したことになる。

ヴェーバーが十代の後半に堅信礼を受けたということは、ベルリンにあるプロテスタント教会に属し、それまで信仰篤き母とともに教会の礼拝に通い牧師の指導を受けていたことを意味する。自らの堅信礼においては神への信仰告白を明確に行なっている。そして堅信礼に臨む弟カールへあてた手紙では、明確に信仰告白をし、キリスト教の偉大な教えに従うことを兄としてカールに勧めている。また熱心な信仰者である伯母イーダを通して、またチャニングの信仰書を通しても、福音を純粋に信じることを学んだ。ハイデルベルク大学では、日曜礼拝に出席して、従兄オットーにより神学について理解を深めオットーの説教を批判している。軍事訓練で滞在したシュトラスブルクでは、日曜日の礼拝の後にバウムガルテン家を訪れて信仰についても語り合った。また軍事訓練のプログラムに礼拝出席があり、出席している。国家試験準備期には勉強のために礼拝には参加しなかったが、信仰書を読んでいた。結婚式は妻の所属する教会で挙行された。妻と米国を旅行した時には、牧師と交流し、日曜日には様々な教会の礼拝や集会に出席した。第一次世界大戦の契機になったサラエヴォ事件の報に会ったとき、ヴェーバーは神に祈った。

聖書主義的敬虔主義

何よりも、彼の代表作である『プロテスタンティズムの倫理と資本主義の精神』を読めば、彼がいかに深く、また豊かに聖書を読んでいるかがわかる。

たとえば、『プロテスタンティズムの倫理と資本主義の精神』第二章において、ヴェーバーは敬虔主義信徒の性格を「謙遜と砕かれた心」と述べている。この言葉は、旧約聖書詩篇五一篇一七節「神へのいけにえは　砕かれた霊。打たれ　砕かれた心。神よ　あなたはそれを蔑まれません」からの引用である。紀元前一〇一一年に全イスラエルの王となったダビデは、部下ウリヤの妻バテ・シェバとの間に姦淫の罪を犯し、さらに忠実な部下ウリヤを最前線に派遣して殺させたという殺人の罪を犯した。この二つの罪を犯したことを、ダビデは気づかず、預言者ナタンによって示されて、神の御前に自分の罪を告白して悔いた。その時の言葉である。旧約聖書の詩篇とサムエル記の知識がないと引用できない聖書の言葉である。ヴェーバーが聖書に通暁していたことは明らかである。

パウロ・ホーニヒスハイム（Paul Honigsheim, 一八八五—一九六三年）は、ヴェーバーより二十一歳年下で、ハイデルベルク大学で歴史学を専攻する学生であった。彼はヴェーバー・クライスの一員となりヴェーバーと交流し、ヴェーバー死後もヴェーバー家と親交があった。晩年は、ヴェーバーの思い出を書くことに没頭した。

ホーニヒスハイムは、母と伯母のイーダに加えて、穏健で自由主義的な教会史家の伯父アードルフ・ハウスラート、有名なプロテスタントの宗教改革史家である伯父ヘルマン・バウムガルテン、そして改革派プロテスタントの妻マリアンネ、らがヴェーバーに影響を与えたと論じる。ヴェーバーは、福音教会内部のあらゆる重要な分派やプロテスタント神学のあらゆる傾向に十分に精通していたと述べ、「彼が宗教や神から離反したことを意味するものではない」「彼の立場は『聖書主義的敬虔主義』という言葉でいちばん適確《（ママ）》に特徴づけることができる」(65)とホーニヒスハイムは結論する。「聖書主義的敬虔主義者」としてのヴェーバー。これは最も妥当な説明だと考えられる。

ホーニヒスハイムは、さらにヴェーバーが、個人的に、彼に「主なる神に対して正しい関係に立とうとすることが私にとってあまり重要でないかのように本気で言っているのではないのだ」と語ったと記している(66)。つまり、主なる神との正しい関係にあることはヴェーバーにとって重要なことであった。

また、ヴェーバーと親交があったヤスパースは「彼はキリスト教徒ではなかった」と述べてはいるが、ヴェーバーには「捉ええない絶対者にたいする恐ろしく真剣な意識」があり、「この世におけるどんな宗教性もこの清教徒の教派的宗教性ほど彼に親しみ深いものはなかった」「宗教的世界に内面的に加わることからは遠ざかっていた」と結論する(67)。

このように同時代人の意見をまとめると、ヴェーバーは内面的には神の存在を信じており、「聖書主義的敬虔主義」「カルヴァン派」に近い信仰を持っていたことが考えられる。幼少時代はベルリンのルター派の福音教会に所属してそこでヴェーバーは堅信礼を受けた。青春時代、ハイデルベルク大学でも教会の礼拝に定期的に出席していたことが推定される。軍事訓練時代にもシュトラスブルクの教会に命令により強制的に出席させられた。

しかし、特に「転落」以後は、特定の教会には属していなかった。ヴェーバーは定期的には礼拝に通わないが信仰は持っている、「教会を卒業したキリスト教徒」であった。それを彼は「宗教的音痴」と自称したと考えられる。

ではなぜ教会に行かなかったのか。それは、ハイデルベルク大学神学部や教会が自由主義神学の立場であり、ヴェーバーの保守主義的な福音的信仰と相容れなかったためであったと考えられる。

註

1 基本文献として、以下を使用した。M・ウェーバー夫人『マックス・ウェーバー』みすず書房、一九六三年；マックス・ウェーバー（マリアンネ・ウェーバー編）『青年時代の手紙　上』文化書房博文社、一九九五年；──『青年時代の手紙　下』文化書房博文社、一九九五年。
2 A・ミッツマン『鉄の檻──マックス・ウェーバー　一つの人間劇──』創文社、一九七五年、一六一─一七頁。
3 E・バウムガルテン『マックス・ヴェーバー5人と業績』福村出版、一九九六年、一三四頁。
4『手紙』上、二四─二五頁。
5『手紙』上、二五頁。
6『手紙』上、二九頁。
7『手紙』上、三一─三二頁。
8『手紙』上、三〇頁。
9『手紙』上、三一頁。
10『手紙』上、四五─四六頁。
11『手紙』上、五一頁。
12『手紙』上、五二─五三頁。
13『手紙』上、同。
14『手紙』上、五六頁。
15『手紙』上、六一頁。

16 同。
17『手紙』上、六三頁。
18『手紙』上、六七頁。
19『手紙』上、七一頁。
20『手紙』上、六八頁。
21『手紙』上、七〇頁。
22『手紙』上、七九頁。
23『手紙』上、八一頁。
24『手紙』上、五八―五九頁。
25『手紙』上、八四頁。
26『手紙』上、八八頁。
27 同。
28『手紙』上、一一二頁。
29『手紙』上、九二頁。
30『手紙』上、九六頁。
31『手紙』上、一三三頁。
32『手紙』上、一一七―一一八頁。
33『手紙』上、一七八頁。

34『手紙』上、一七九頁。
35『手紙』上、二〇八―二一〇頁。
36『手紙』上、二二五―二二六頁。
37『手紙』上、二二七頁。
38『手紙』下、二五五頁。
39『手紙』下、三三四頁。
40『手紙』下、三三四―五頁。
41『手紙』下、三五七頁。
42『手紙』下、三六六―七頁。
43 W・J・モムゼン／J・オースターハメル／W・シュベントカー編著『マックス・ヴェーバーとその同時代人群像』ミネルヴァ書房、一九九四年、二〇四頁。
44 同、二〇九頁。
45『手紙』下、三七八―三七九頁。
46『手紙』下、三八〇頁。
47『手紙』下、三八三頁。
48『手紙』下、四四〇―四四一頁。
49『手紙』下、一六二頁。
50『手紙』下、一六五頁。

51『マックス・ヴェーバーとその同時代群像』、二一六頁。

52同、二一五頁。

53安藤英治『回想のマックス・ウェーバー』岩波書店、二〇〇五年、十頁。

54ヴェーバーとエルゼに関しては以下を参照。マーティン・グリーン『リヒトフォーフェン姉妹』(みすず書房、二〇〇三年)、クリスタ・クリューガー『マックス・ヴェーバーと妻マリアンネ』(新曜社、二〇〇七年)。

55『手紙』下、三二四―五頁。

56マリアンネ・ヴェーバー『マックス・ヴェーバー』みすず書房、一九六五年、一八四頁。

57E・バウムガルテン、前掲書、一三二―一三三頁。

58クリスタ・クリューガー『マックス・ウェーバーと妻マリアンネ』新曜社、二〇〇七年、一〇二頁。

59内藤葉子「マリアンネ・ウェーバーとアメリカ――セツルメントと社会化への関心――」『同志社大学アメリカ研究』第五三号、二〇一七年、を参照。

60『手紙』下、二五九頁。

61『手紙』下、二七三頁。

62宇都宮芳明『ヤスパース』清水書院、一九六九年、四二―四五頁。

63P・ホーニヒスハイム『マックス・ウェーバーの思い出』みすず書房、一九七二年、四頁。

64ハイデルベルク大学大学院生であったエドガール・ベルンハルト・ザリーン：一八九二―一九七四年へのインタビューによる。『回想のマックス・ウェーバー』九四頁。

65同、一四四、一五五頁。

66同、一七四頁。
67カール・ヤスパース『マックス・ウェーバー』理想社、一九七五年、一四〇―四一頁。

参考文献

・青山秀夫『マックス・ウェーバー』岩波新書、一九五一年。
・阿部謹也『物語　ドイツの歴史』中公新書、一九九八年。
・安藤英治『人類の知的遺産62　マックス・ウェーバー』講談社、一九七九年。
・――――『マックス・ウェーバー』講談社学術文庫、二〇〇三年。
・――――『ウェーバー紀行』岩波書店、一九七二年。
・――――『回想のマックス・ウェーバー』岩波書店、二〇〇五年。
・茨木竹二『「倫理」論文解釈の倫理問題』時潮社、二〇一七年。
・長部日出雄『二十世紀を見抜いた男　マックス・ヴェーバー物語』新潮社、二〇〇〇年。
・折原　浩『ヴェーバー学のすすめ』未来社、二〇〇三年。
・――――『ヴェーバー学の未来』未来社、二〇〇五年。
・――――『大衆化する大学院』未来社、二〇〇六年。
・H・ガース／W・ミルズ『社会科学選書　マックス・ウェーバー　その人と業績』ミネルヴァ書房、一九六二年。
・金井新二『ウェーバーの宗教理論』東京大学出版会、一九九一年。

・キリスト教史学会編『マックス・ヴェーバー「倫理」論文を読み解く』教文館、二〇一八年。
・上山安敏／三吉敏博／西村稔編訳『ウェーバーの大学論』木鐸社、一九七九年。
・クリスタ・クリューガー『マックス・ウェーバーと妻マリアンネ』新曜社、二〇〇七年。
・住谷一彦　小林純　山田正範『人と思想七八　マックス・ヴェーバー』清水書院、一九八七年。
・E・バウムガルテン『マックス・ヴェーバー5　人と業績』福村出版、一九九六年
・橋本努／矢野善郎編『日本マックス・ウェーバー論争』ナカニシヤ出版、二〇〇八年。
・羽生辰郎『マックス・ヴェーバーの犯罪─「倫理」論文における資料操作の詐術と「知的誠実性」の崩壊』ミネルヴァ書房、二〇〇二年。
・――『マックス・ヴェーバーの哀しみ　一生を母親に貪り喰われた男』PHP新書、二〇〇七年。
・――『学問とは何か』ミネルヴァ書房、二〇〇八年。
・P・ホーニスハイム『マックス・ウェーバーの思い出』みすず書房、一九七二年。
・A・ミッツマン『鉄の檻─マックス・ウェーバー　一つの人間劇─』創文社、一九七五年。
・W・J・モムゼン／J・オースターハメル／W・シュベントカー編著『マックス・ヴェーバーとその同時代人群像』ミネルヴァ書房、一九九四年。
・ヤスパース『ヤスパース選集Ⅷ　マックス・ウェーバー』理想社、一九六五年。
・山之内靖『マックス・ヴェーバー入門』岩波新書　一九九七年。

第三章　ヴェーバーの学問

ヴェーバーの学問は多岐の領域にわたる。それは、歴史学を基調にし、経済学、社会学、法律学、政治学、神学、言語学、音楽学等に及ぶ学際的な学問だといえよう。本章では、ヴェーバーの研究業績の全体像を見て、次に、代表的作品の中から『プロテスタンティズムの倫理と資本主義の精神』、『職業としての学問』『職業としての政治』をとりあげて、その内容を概観し考察する。『プロテスタンティズムの倫理と資本主義の精神』はヴェーバーの代表作であり、学術的名著でもある。また『職業としての学問』には学問と人生に対する遺言ともいうべきヴェーバーの言葉に満ちている。

第一節　研究領域と方法

1　研究の道筋

ヴェーバーの主な研究業績をほぼ時系列にまとめると以下のようになる。

ドイツの経済的現状分析と対策

『ドイツ・東エルベの農業労働者の諸関係』(一八九二年)
『農業労働問題』(一八九三年)
『東エルベ農業労働者の状況にみられる発展傾向』(一八九四年)
『国民国家と経済政策』(一八九五年)

ヨーロッパ古代の歴史

『ローマ農業史』(一八九一年)
『古代文化没落の社会的諸要因』(一八九六年)
「古代農業事情」『国家科学辞典』(一八九七、八年)
『古代農業事情』(一九〇九年)

社会科学方法論

『ロッシャーとクニース』(一九〇三―〇六年)
『社会科学および社会政策的認識の客観性』(一九〇四年)
『文化科学の論理の領域における批判的研究』(一九〇五年)
『R・シュタムラー―の唯物史観の克服』(一九〇七年)
『限界効用説と精神物理学的根本原理』(一九〇八年)
『エネルギーの文化理論』(一九〇九年)

歴史社会学の体系化

『理解社会学の若干のカテゴリーについて』(一九一三年)

『経済と社会』（一九一一―一三年）

プロテスタンティズム研究

『プロテスタンティズムの倫理と資本主義の精神』（一九〇四―〇五年）

『アメリカ合衆国における教会とゼクテ』（一九〇六年）

ロシア革命論

『ロシアにおけるブルジョア民主主義の状況』（一九〇六年）

『ロシアの疑似立憲制への移行』（一九〇六年）

宗教社会学

『儒教と道教』（一九一五年）

『インド教と仏教』（一九一五―一六年）

『古代ユダヤ教』（一九一七―一九一九年）

『支配の諸類型』『支配の社会学』『都市の類型学』（一九一五年）

学問論

『職業としての政治』（講演一九一九年）

『職業としての学問』（講演一九一九年）

芸術論

『音楽社会学』（一九二五年）

ドイツの経済的現状分析に始まり、古代経済史に移り、学問の方法論を経て、後半は宗教と経済についての歴史的考察を展開して、最後に学問論で終わっている。
さらに学問領域からヴェーバーの研究を分類すると以下のようになる。

社会経済史

『ドイツ・東エルベの農業労働者の諸関係』(一八九二年)
『農業労働問題』(一八九三年)
『東エルベ農業労働者の状況にみられる発展傾向』(一八九四年)
『国民国家と経済政策』(一八九五年)
『ローマ農業史』(一八九一年)
『古代文化没落の社会的諸要因』(一八九六年)
「古代農業事情」『国家科学辞典』(一八九七、八年)
『古代農業事情』(一九〇九年)
『ロシアにおけるブルジョア民主主義の状況』(一九〇六年)
『ロシアの疑似立憲制への移行』(一九〇六年)
『音楽社会学』(一九二五年)

学問・方法論

『ロッシャーとクニース』(一九〇三—〇六年)

『社会科学および社会政策的認識の客観性』（一九〇四年）
『文化科学の論理の領域における批判的研究』（一九〇五年）
『R・シュタムラーの唯物史観の克服』（一九〇七年）
『限界効用説と精神物理学的根本原理』（一九〇八年）
『エネルギーの文化理論』（一九〇九年）
『理解社会学の若干のカテゴリーについて』（一九一三年）
『経済と社会』（一九一一―一三年）
『職業としての政治』（講演一九一九年）
『職業としての学問』（講演一九一九年）

宗教社会学

『プロテスタンティズムの倫理と資本主義の精神』（一九〇四―〇五年）
『アメリカ合衆国における教会とゼクテ』（一九〇六年）
『儒教と道教』（一九一五年）
『インド教と仏教』（一九一五―一六年）
『古代ユダヤ教』（一九一七―一九一九年）
『支配の諸類型』『支配の社会学』『都市の類型学』（一九一五年）

このように、ヴェーバーは、個別な社会経済的歴史研究から開始して、療養生活の五年間においては学問の方法に沈潜し、病気快復後のアメリカ旅行を通して視野を広めて、世界宗教と経済の社会学的研究を展開していったことがわかる。

また、歴史学の方法から見れば、ヴェーバーは、個々の社会的歴史的事件の研究から、普遍的歴史学の研究へと、明確に移っていったこともわかる。宗教学から見れば、個別宗教研究から宗教現象学への移行、ということができる。

ヴェーバーの研究は、「特殊から一般へ」という普遍化への道筋をたどったのである。

その分岐点が、病気快復後に出版した『プロテスタンティズムの倫理と資本主義の精神』である。

2　宗教と経済

ヴェーバーの方法は、まず、宗教の歴史的影響や効力を基軸にして問題提起をし、宗教の歴史的背景を理解し、それらの関連において総合的に宗教の本質の考察に及ぶものである。

具体的には、近現代の資本家や高等教育を受けた者の中に、なぜプロテスタントが多いのか。これを問題提起として、宗教と経済との親和関係を歴史的に明示して、そのような現象の背後に古プロテスタンティズムから生じた日常的な禁欲倫理があり、それが民衆の中に浸透して特定な経済倫理を生起する原因となっていることを指摘した。

このように、宗教的領域と経済的領域という二領域で歴史を分析することは、マルクスの上部構造と下部構造という二構造で分析する方法の継承である。これは、「神の国」と「地の国」の二構造に基づくアウグスティヌス歴史観の継承とも言える。しかし、マルクスとの大きな違いは、マルクスは下部構造が上部構造を規定すると考えたのに対して、ヴェーバーは、それが妥当しないことがありうるということ、さらに言えば、むしろ宗教が経済的領域を規定することがあることを指摘したことである。その事例が、宗教改革の時代だとした。すなわち宗教改革という宗教において新たな思想が生まれ出たことが、民衆の生活倫理を大きく変えて、それが予期せぬ結果として、近代資本主義の合理的精神を生起するのに影響を与えて経済的領域に大きな変化を及ぼしたと指摘した。

3　カリスマの日常化

ヴェーバーは、歴史の変革理論においても新たな理論を提起した。マルクスは、生産力の発展と生産諸関係との対応、矛盾及びその止揚が歴史と文化を変革していくと考えた。一方、ヴェーバーは、官僚的合理化とカリスマの日常化という、二つの歴史の原動力を指摘した。

官僚的合理化は、外側から、技術的手段による変革であり、形式的合理性をめざす目的合理性とされた。一方、内側から始まり外側の秩序をも変革する可能性があるものがカリスマの日常化である。これが、すぐれて創造的な歴史の変革力だとされた。

すなわち、カリスマ的権威には内側から始まり外側の秩序をも変革する可能性があり、これがすぐれて創造的な、歴史の変革力になる。カリスマ的権威が唱える「倫理預言」は、行動的「禁欲」の方向にむけて倫理を転換させる。それが禁欲倫理として民衆に定着することにより「呪術からの解放」である生活の合理化、組織化、計画化が実行されていく。

このように宗教的カリスマは、一定の社会層分化（身分および階級）とその経済的状態、そうした一定の経済的条件の裏づけをもって、はじめて出現し、さらに、大量現象としてのエートス（特定時代の倫理状況）の変革をひきおこす。そして、ついに経済生活における社会体制のレヴェルにまで有効な変革の作用をおよぼすことになる。

ヴェーバーは、新たな宗教思想をカリスマと呼び、それが日常化された合理的倫理となり、民衆の中においてエートスを形成して歴史を変革していくと考えた。これは、マルクスとは逆のベクトルである。

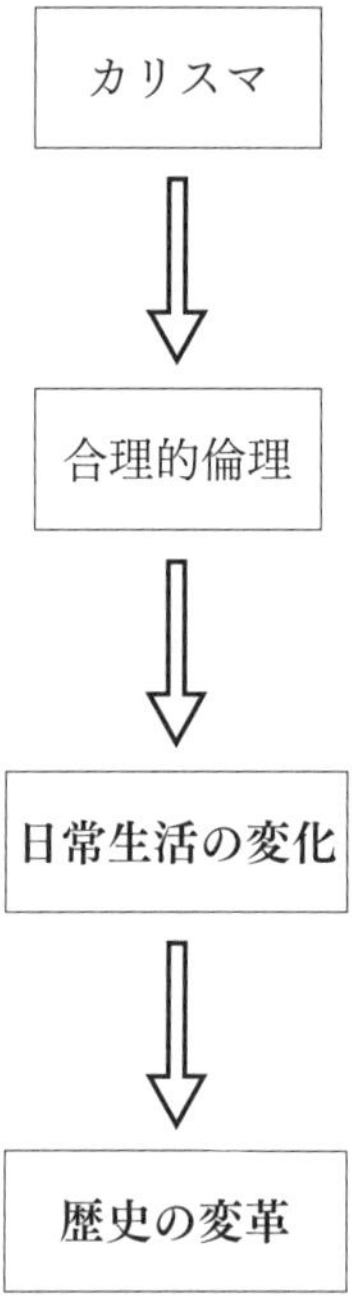

4 理念型

ヴェーバーが用いた新たな学問的方法が「理念型（イデアル・ティプス）」である。

人間の限られた認識能力では対象の全面的な認識は不可能であり、特定の意味とその意味に導かれた観点に即してしか認識しえない。言い換えれば、経験的現実は、そのままでは多岐すぎて研究の対象とはなりえない。そこで、様々な経験的現実を、できるだけ理解可能な概念によって記述する。そのために、現実には存在しえないような純粋培養された型を設定する。これが理念型である。認識技術として、その導き出された特定面、特性を、いわば純粋培養的に形姿に組み立てて、実際の姿以上に特性を鮮明に描き出してみることである。すなわち、現実を測定してゆくための技術的手段であり概念装置のことである。

理念型は複数作成し、比較することによって、物事の本質を理解することができる。たとえば、日本人には関東人と関西人とがあるとしよう。関東人は正邪、善悪を重んじ言葉で小さなことまで表現して時には厳しい言葉で話す。関西人は人間関係を重んじ、小さなことまで詳しく表現せずに柔らかく話す。このような「関西人型」と「関東人型」という二つの型を設定して、比較することにより、日本人を理解するのが理念型による理解である。

理念型は、ヴェーバーの代表的著作『プロテスタンティズムの倫理と資本主義の精神』においては、以下のように設定されている。

図41　理念型の例

理念型	内容
「プロテスタンティズムの倫理」 「資本主義の精神」	・世俗内的禁欲、勤勉、節約、正直等 ・自己の資本の増加させることを自己目的と考えるのが各人の義務だという思想
「フッガーの精神」 「フランクリンの精神」	・商人的冒険心　道徳とは無関係の個人的な気質の表明　伝統主義 ・倫理的色彩をもつ生活の原則　道徳と深く関係する禁欲的プロテスタンティズム

「倫理預言」	・人格神による現世改造の摂理に神の「武器」として参加し、現世内で、そうした使命のために積極的に行動すること、すなわち、こうした最高の倫理的価値へ方向づけられた「行動的禁欲」を人々に厳しく要求するところの預言 ・古代ユダヤの預言者運動にはじまり、近代の禁欲的プロテスタンティズムに帰結するあの宗教史を特徴づける
「模範預言」	・瞑想的・無感動的なエクスタシス、そうした自己を法あるいは神の「容器」と感ずるような類型の預言 ・中国やインドの宗教史を特徴づける
「達人宗教意識」	・比較的少数の活動的な宗教的カリスマたちの意識
「大衆宗教意識」	・多数の、むしろ受動的な、いわば「宗教音痴」
「心情倫理」	・純粋な心情から発した行為の結果が悪ければ、その責任は行為者にではなく、世間（他人の愚かさやこういう人間を創った感じの意思）の方にあると考える。動機の純粋さ、正しきをおこない結果を考えな

「責任倫理」
い小児の業 ・人間の平均的な欠陥を計算に入れるため、自分の行為の結果が前もって予見できた以上、責任を他人に転嫁することはできないと考える。行為の及ぼす効果　結果の責任を負う　結果はたしかに自分の行為の責任だ、と感じる

理念型は、とぎすまされた至高の産物であり、経験的現実の本質を表すものである。そして複数の理念型を比較することにより経験的現実の本質を考察できる。

5　社会層と宗教意識

ヴェーバーは、代表的五つの社会層を研究の対象にしている。農民層、騎士的戦士層、政治的官僚層、知識人層、市民層である。

農民層は、自然の中での生活　呪術的信仰のうちに停滞し、伝統主義の本来の基盤を形づくる社会層である。騎士的戦士層（封建貴族層）は、死と運命の非合理性による生活をして、徹頭徹尾現世的な関心を持つ。そして伝統主義に結びつく。政治的官僚層は、現世的な目的を超えるような努力を軽蔑する、冷静な、合理主義の担い手であるが、儀礼的な宗教意識を同時に有し、伝統主義に結びつく

知識人層には、二つの役割がある。すなわち、合理化された世界像である「神義論」を創造する役割と、「救い」の理念とそれへの到達の方法、すなわち「現世拒否の方向」を提示する役割である。

知識人層は、宗教的合理主義の核心をなす願望の担い手となる。

市民層は三つの層から成る。まず、①大商人層は、一般に非宗教的　現世拒否へと駆りたてる内面的緊張を欠き、伝統主義に容易に結びつく。②都市貴族層は宗教的なものに対する懐疑と無関心を持つ。

他方、③小市民層は、合理的生活を行い、行動的な人格神への信仰に支えられた教団的また救済的宗教意識を持つ。さらにすすんで「終末における現世改造」の神義論と、そのための「行動的禁欲」、合理的な倫理的宗教的意識へと移り行こうとする傾向がある。ヴェーバーは、小市民層が変革の推進的中核を形成すると考えた。

このように社会階層の視点から宗教を考察する方法は、社会階層が存在する西欧において有効である。だが、必ずしも他の文明圏にはあてはまらない。日本においても同様である。

6　価値自由

意味のある認識体系を生むためには、まず研究者は明確な価値理念を持たなければならない。これを価値前提という。だが、個人が持つ倫理的価値判断と、科学的認識とは峻別しなければならない。すなわち、対象化しなければならない。その際、対象に関する利害関心や感情を抹殺するのではなく、それらを他者のように自分から引き離して、つまり一個の対象として、観察すること、これを価値自由という。

たとえば、私は、大学時代に映画『屋根の上のバイオリン弾き』を見て感動し、なぜユダヤ人は迫害されるのだろうかと思い研究を始めた。迫害されるユダヤ人への同情。それが研究の基調にある。

そのような同情はなくすことはできない。それを抹殺するのではなくて、一応、脇へ置いて、ユダヤ人について、客観的に研究していくことが必要だということである。価値自由は、客観的に対象を考察する態度のことである。

ヴェーバーが教えたハイデルベルク大学には、大学の講義において、講義内容とは異なり、自らの政治に対する意見を主張する教授がいた。ある教授は特定政党を批判したり支持したりした。

ヴェーバーは『職業としての学問』において大学教員の義務として、以下の様に述べている。

・実践的政策的な立場設定と、政治組織や政党の立場に関する学問的分析とは、まったく別のことだからである。

・自分の知識や学問上の経験を聴講者らに役立たせるかわりに、自分の政治的見解をかれらに押しつけようとしたならば、わたくしはそれは教師として無責任きわまることだと思う。

・ある人を偉い学者や大学教授たらしめる性質は、かれを実際上の、なかんずく政治上の指導者たらしめる性質とは違うのである。

大学の講壇においては、純粋に学問を教えるべきであり、関係のない政治的言動は、禁欲して差し控えること。ヴェーバーが指摘したこの「教壇禁欲」も価値自由の精神によるものである。

7　定点観測

プロテスタントの禁欲倫理が日常化されて広く民衆に受け入れられ、経済的領域にも大きな影響を及ぼし、資本主義の形成へと繋がっていった。ヴェーバーはこの観点により、世界宗教を考察していった。一つの観点に立って、他の対象を見ていくという定点観測をしなければ、比較検討ができない。ヴェーバーの近代化理論には、西欧を理想視する傾向がある。言い換えれば、西欧プロテスタント的価値観という定点から他を見る傾向にある。そこは西欧的貴族主義があると指摘される。特にそれは、五十歳以降の円熟期において彼が手掛けた世界宗教の比較研究において見られる。

近代化理論は、アジアやアフリカ等の発展途上国の社会や宗教には必ずしも当てはまらない。ヴェーバーの観点は、根底において西欧中心主義であったということができる。定点観測には、どうしても価値判断が入る傾向がある。それが弱点である。

第二節　『プロテスタンティズムの倫理と資本主義の精神』

1　批判と評価

ヴェーバーの代表的作品は、『プロテスタンティズムの倫理と資本主義の精神 Die Protestantische Ethik und Der《Geist》Des Kapitalismus.』（以下『プロ倫』）である。この論文は、一九〇五年に最初に発表されたが、その後『儒教と道教』、『ヒンズー教と仏教』、『古代ユダヤ教』等の規模の大きな宗教社会学的研究が発表され、死後に『宗教社会学論集』三冊として公刊された。だから、ヴェーバーの比較宗教社会学研究の重要な部分をなすものとして読まれなければならない。また、資本主義精神とプロテスタンティズムとの関係を扱った研究は当時、いくつかあった（ブレンターノ、ゾンバルト）。『プロ倫』の見解は、他とは異なり、特殊で「常識はずれ」と言うこともできるほど「画期的な論考」であった。また非常に難解でもあった。だが社会科学の世界に重要な提言をしたことは事実であった。

『プロ倫』が作成されるには、歴史学、経済学、神学、聖書、文学等に及ぶヴェーバーの学際的な研究活動、ヴェーバーの家族史、ハイデルベルク大学における学問的交流、アメリカの研究旅行があったと考えられる。さらに、苦しい闘病生活から快復して最盛期に移るヴェーバーを代表する研究書でもあり、ヴェーバー自身の人生だとも言える。

その後『プロ倫』の持つ弱点も明らかにされている。『プロ倫』対する批判は、内容に関わる批判と学術方法に関わる批判に分かれる。

内容に関わる批判には、資本主義の精神とプロテスタントの倫理との親和関係を認めない（F・ラッハファール、H・K・フィッシャー）、資本主義には悪弊があり、それを生み出したのはプロテスタントであるからカトリシズムに期待すべきである（A・ファンファーニ）、「救いの確証」だけでなく「神の栄光を現す」ことも重要なカルヴァン派の倫理である（金井新二）、カルヴァン主義者の「魔術からの解放」には「反人間性」という否定的要素がある（山之内靖）、資本主義の精神と関係するのはプロテスタントの倫理だけではなく、それに類する多宗教の倫理も想定される（R・ベラー）、カルヴァン自身とカルヴァン主義者とには違いがありカルヴァンは受動的信仰を説いた（R・T・ケンドール）、ヴェーバーの予定論解釈を否定する（M・H・マッキンノン）等がある。(1)

次に、方法に関する批判としては、昨今の日本において、文献学研究者と歴史研究者によるものがある。文献学研究者からは、ヴェーバーによるルターのBeruf等の引用が不適切で資料操作があると指摘された（沢崎堅造、羽入辰郎）。歴史研究者からは、ヴェーバーによる多くの歴史的事実の誤認が指摘された。

二〇一七年九月に聖心女子大学で開催された第六八回キリスト教史学会大会シンポジウム「ヴェーバー「倫理」論文とキリスト教史学会」においては、六名の歴史研究者がヴェーバーの論文を批判し、さらにヴェーバーの事実誤認、曖昧な記載と誤記等が三十三項目にわたり提示された。[2]

近年、ヴェーバーを巡り、学術的批判からヴェーバーの人格批判、さらに対立する研究者の人格攻撃にまで及んだ以下の論争があった。

・羽入辰郎『マックス・ヴェーバーの犯罪』ミネルヴァ書房、二〇〇二年。
・折原　浩『ヴェーバー学のすすめ』未来社、二〇〇三年。
・―――『ヴェーバー学の未来』未来社、二〇〇五年。
・―――『学問の未来』未来社、二〇〇五年。
・羽入辰郎『学問とは何か』ミネルヴァ書房、二〇〇八年。
・橋本　努・矢野善郎編『日本・マックス・ヴェーバー論争』ナカニシヤ出版、二〇〇八年。
・茨木竹二『「倫理」論文解釈の倫理問題』時潮社、二〇一七年。

この論争の美しい果実として、『プロ倫』の日本語による本格的な解説書が、昨今出版されている。[3]

確かに『プロ倫』が最初に出版されて百十六年経つ。この間の学問の発展により、後の光に照らせば、『プロ倫』には、欠陥がいくつかあることを認めざるを得ない。だが、その基本的内容に関しては、「画期的な論考」「不朽の名作」と評価でき、学ぶべき学術書だと著者は肯定的に考える。
本章においては、歴史事項の概説、表や地図や解説を加えて、理解の一助としたい。また、『プロ倫』全般にわたる詳細な内容は分析ノートとして巻末の資料に提示した。参考にしてほしい。

『プロ倫』の目次は以下である。

第一章　問　題
　一　信仰と社会層分化
　二　資本主義の「精神」
　三　ルッターの天職観念—研究の課題
第二章　禁欲的プロテスタンティズムの天職倫理
　一　世俗内的禁欲の宗教的諸基盤
　二　禁欲と資本主義精神

2　ヴェーバーテーゼ

『プロ倫』の主題はヴェーバーテーゼとも言われる。歴史的に起きた順位にしたがって要約すると以下のようになる。

図42　ルター

中世の職業観

西欧中世のカトリック教会に支配された時代においては、聖職者はこの世の仕事につかず、俗人が様々な職業に就いた。この世の職業は金儲けであり「汚い」もの、と否定的にとらえられていた。

近代的職業観と伝統主義のルター

十六世紀になり、宗教改革者ルター（Martin Luther, 一四八三 - 一五四六）は、ローマ教皇の権威を否定して万民祭司を唱えた。聖書に権威を置いた。聖書をドイツ語に翻訳したが、その際、「職業」をBeruf と訳した。これは「神の召し、神からの使命」という意味であり、世俗の職業に積極的意味付けがなされた。ルターはこのように近代的職業観を樹立した。ルターが批判し、ルターに対抗したのが、大商人ヤーコプ・フッガー（Jakob Fugger, 一四五九 - 一五二五）であった。フッガーはカトリック教徒であり、営利欲によって巨万の富を築いた。一方、ルターは神から与えられた身分と職業は変えてはならないという経済的伝統主義者でもあった。「おのおの自分が召されたときの状態にとどまっていなさい。奴隷の状態で召されたのなら、それを気にしてはいけません」（第一コリント七章二一 ― 二一 a 節）奴隷は奴隷のままに、農民は農民のままにいなければならない。ルターはドイツ農民戦争の後半には農民に反対して、領主側を支持した（ルターの裏切り）。それは農民が領主になろうとして生まれながらの神から与えられた身分を変えようとしていたからである。彼自身、領主に助けられたこともあり、領邦国家の状況を理解して、領主に宗教改革を期待して、宗教改革運動を進めて行った。

古プロテスタントの時代、カトリック教会からもルター派教会からも、異なるものとして見られていたのが、カルヴァン派であった。

予定論

宗教改革者カルヴァン（Jean Calvin, 一五〇九 - 一五六四）は、神論、キリスト論、聖書観、教皇論、救済論等は基本的にルターと同じ神学を有するが、「すべては神の栄光のため」を標榜して、ルターより徹底した改革をジュネーブで行った。ルターとの違いは、伝統主義ではないことである。いわば、「奴隷の状態で召されたのなら、それを気にしてはいけません」の後に続く「しかし、もし自由になれるのなら、むしろ自由になりなさい」（第一コリント七章二一b節）がカルヴァンの立場であったということができる。

さらに明らかな違いは、カルヴァンの神学には予定論があったことである。予定論は聖書に基づく教理である。

図43　カルヴァン

「神は私たちを世界の基いの置かれる前からキリストのうちに選び、御前で聖く、傷のない者にしようとされました。神は、ただみこころのままに、私たちをイエス・キリストによってご自分の子にしようと、愛をもってあらかじめ定めておられたのです」（エペソ書一章四節）、「私たちは、みこころによりご計画のままをみな実現される方の目的に従って、このよ

うにあらかじめ定められていたのです」（エペソ書一章十一b節）

神は天地創造の以前において、すなわち永遠の昔において、救いを受ける者を選ばれた。救いに選ばれた者は、この世に生を受けて救われる。そうでない者は滅びる。救いとは、罪からの救いである。人はみな罪を犯すので死ななければならない。だから救われた者は、死ぬことなく、イエスが初穂として示したように、肉体は滅びても、やがて復活して永遠のいのちを与えられる。

救いの確証と近代的資本主義

自分は救いに選ばれているのだろうか？　カルヴァン自身は、神への堅固な信仰により、自らの救いの確証を得ていた。だが一般のカルヴァン派信徒にとっては、神への信仰だけで救いを確証することはできなかった。彼らはカルヴァンほど聖書に通暁していなく、また何よりも、それまで長い間、カトリック教会に属し、七つの聖礼典を行なうという、「目に見え手でさわれる」具体的なもので救われると信じていたからである。具体的に救いを確証するものは何か。職業は神からの使命である。だから、カルヴァン派信徒は、職業に従事して、そこに救いの確証を求めた。

利潤は明らかに職業の結果であり、具体的に計算できる。職業は神からの使命であり、隣人愛の現れでもある。利潤を多くするために、勤勉、正直、節約といった禁欲倫理に従って生活し娯楽をも排斥した。これは、中世以降のカトリックの修道院、すなわち世俗外における禁欲を、世俗内において実行した（世俗内禁欲）ものであった。迷信や占いや虚偽や噂等を排し（魔術からの解放）、神以外のものは被造物であるから信仰の対象にはしなかった（非造物神化の拒否）。

禁欲倫理にしたがい、合理的計画的組織的に職業労働に従事する。その予期せぬ結果として、彼らは利潤が増加して資本家になっていった。そしてそれが利潤を肯定的に受け止め合理化を推進する資本主義の精神に影響を与え、近代的資本主義の勃興につながった。このようにして、カルヴァン派の国家であるオランダ、そしてイギリスが経済的に発展していった。

宗教的信仰の亡霊

プロテスタント諸国、特にカルヴァン派のオランダ、イギリス、そして米国は資本主義の発達した国家として繁栄した。だが、信仰的動機が、富の誘惑に負けることになり、二十世紀になると、欧米には堅固な資本主義体制が樹立したが、「『天職義務』の思想は、かつての宗教的信仰の亡霊として、われわれの生活の中を徘徊している」状況になった。古プロテスタントのカルヴァン派信徒は、救いの確証を得ることを目的にして職業労働に励み「予期せぬ結果」として利潤を獲得した。利潤はさらなる生産のために使用すればよいが、富の誘惑に負けて、信仰が弱まり、職業労働の目的を、当初の救いの確証ではなくて、利潤の獲得に置くようになった。その結果、鉄の檻のような堅固な資本主義のメカニズムが築き上げられていった。同時に近代において信仰は弱体化したのであった。

ヴェーバーテーゼの検証

毎年、世界経済フォーラムにおいて、世界一四一カ国の国際競争力のランキングが発表される。これは、経済力だけでなく、文化、教育なども含めた総合領域における現在と未来における競争力のランキングである。宗教的観点から二〇一九年の国際競争力ランキングを見ると、一位と二位のシンガポールと香港は、旧英国の植民地であったのでプロテスタントカルヴァン派、三位米国、四位スイス、六位オランダもプロテスタントカルヴァン派であり、八位デンマーク、九位スウェーデンはプロテスタントルター派である。このように上位諸国はプロテスタント国であることが認められる。したがって、今日においても、ヴェーバーテーゼは概ね、正しいと検証できる。

3　第一章における学術的方法

「一　信仰と社会層分化」における学術的な文体

『プロ倫』には学術的な文章が随所に展開されている。その結果、『プロ倫』を読んだ者は、その影響を受けて、学術論文を自由に書けるようになる。「一信仰と社会層分化」における学術的文体を列挙する

○知られていない特異な現象を見いだし、客観的な資料で裏付ける

「……に目を通すと、通常次のような現象が見いだされる。それは、……という現象だ」

○その現象に関する一般論を提示して、それを否定する

「もちろんその場合、……と考えねばならないだろう。……しかし、……だった」

○問題提起をさらに限定していく

「ところがこの場合、歴史的にみると、次のような疑問が生じてくる。すなわち、このように……したのは、どういう理由によるのだろうか、と」

「そこで、われわれにとって問題となってくるのは、……はいったいどれなのか、あるいは、どれだったのか、さしあたってそうした点を研究することだろう」

○反証を提示する

「この疑問への答えは一見簡単のようだが、決してそうではない、たしかに……というふうに考えることもできよう。しかし、この点については、今日忘れがちな一つの事実に留意しなければならない。それはほかでもなく、……ということだ」

「このように……という事実は、古くから認められた、また今日でも一般に認められている次のような経験と相反するために、いっそう気をひくのだ。それは、……という経験だ。ところが、……について見ると、この種の影響は全然、あるいは全然とは言えないにしても顕著な事実としては、まったく認められない。そればかりか……。むしろ、事実は次のとおりだ」

○新たな問題提起

「そうだとすれば、……したのは、いったいなぜだったのか。しかも、……したのは、いったいなぜだったのか」

「ところで、さらに立ち入ってみると、こういう問題も出てこよう。すなわち、……」

「そうだとすると、……の原因は、主として、……に求められるべきであって、……に求められるべきではない、ということになる」

○新たな論理の展開

「したがって、もしも……を認めようとするならば、われわれはそれを、……ではなくて、むしろ……に求めるほかはないのだ」

「こうして、われわれの課題は、……にならざるをえないだろう。が、しかし、そのためには、われわれはどうしても、いままでのような漠然とした一般的な……で議論することをやめて、……という問題の究明に、あえて立ち入ってみなければならない」

「二　資本主義の「精神」」における学術的方法

○理念型の使用　学術的方法として、理念型を使用することを冒頭に述べて、「伝統主義」「経済的合理主義」「冒険商人的資本主義」等の理念型によって考察している。

○比較考察　「ニューイングランドと南部諸州」「必要充足と営利」等の比較考察によって、本質を明示している。

○豊富な事例　七つにわたる事例を提示することによって、論証されている。

「三　ルッターの天職観念―研究の課題」における学術的方法

○言語学的分析　ドイツ語のBerufに注目して、職業は神からの召しだとする思想の根源を求めて言語学的に分析をしている。古プロテスタントの中でもルター派をとりあげ、まず、聖書の職業をどのように訳しているのかを、ヘブライ語、ギリシャ語、ラテン語だけでなく、西欧の多くの言語に立ち返って分析する。言語学的分析を踏まえてルターの訳が特異であると結論する。

○客観的分析　ルター思想の歴史における肯定的な面とその限界とが、以下の文体により公平に指摘されている。

「以上の観察の示すように、……だけでは、いずれにしろ、われわれが探求している点についてまだ問題が残されたままだ。とはいっても、……などと言うのではない。まさにその反対だ。ただ、……。そこでわれわれもまず、……する方がよいように思われる」

○研究の範囲と限界　この研究の限界について述べている。「われわれの目的は、「精神」の質的形成と全世界にわたる量的拡大のうえに宗教の影響がはたして、また、どの程度与って力があったかということと、資本主義を基盤とする文化のどのような具体的側面がそうした宗教の影響に帰着するかということだけである」

○理念型の比較　ルター派、カトリック、カルヴァン派が理念型的に比較されている。

○価値自由　この研究が価値自由であることを述べている。

「この研究は社会政策的にであれ、宗教的にであれ、どんな意味においても、決して宗教改革の思想的内容を評価しようとするようなものではない」

○文学作品の分析　カトリックとカルヴァン派の信仰の違いを見るのに、ダンテの『神曲』とミルトンの『失楽園』の内容の比較検討を行っている。これは特定の時代の倫理的状況（エートス）を考察するのみ有効な方法である。ただし、史料批判を十分にしておかないと「資料操作」と疑われることもある。

○カトリックとルター派の比較

ルター派と近代資本主義との関係は、ある程度は認められるが、ルター派が伝統主義であったことに限界がある。カトリックとルター派の比較は以下になる。

図44　**カトリックとルター派の比較**

比較点	**カトリック**	**ルター派**
救いと神学	信仰と聖礼典の実施 **伝統主義** 世俗的職業の軽視 ローマ教皇の首位性 「教会の外に救いはない」 聖職者優位	信仰義認 聖書主義 **近代的職業観**（天職思想）：職業はベルーフ（神からの使命） 万民祭司 懺悔に代わる聴罪制度 律法の断罪的用法

信徒の性格	心情倫理	感情的 「神の容器」
信徒の生活	「福音的勧告」（清貧・貞潔・服従） 「その日暮らし」	「福音的勧告」に反対 世俗的職業遂行が神に喜ばれる唯一の道 **経済的伝統主義**（職業・身分を変えない） 禁欲的自己訓練の衰退
信徒	ヤーコプ・フッガー パスカル　ダンテ	ルター　タウラー
職業と教育	前近代的職業者　実業小学校卒　高等小学校卒	近代的職業者　高等教育進学者
政治	教権の優越　教会による政治支配	政教分離　政治への不介入 領邦国家

4　禁欲的プロテスタンティズムの基本的知識

禁欲的プロテスタンティズムとして、カルヴィニズム、敬虔派、メソジスト派、洗礼派（バプテスト）の神学思想と歴史を順に見ていくが、基本的知識として、各派を概説する。

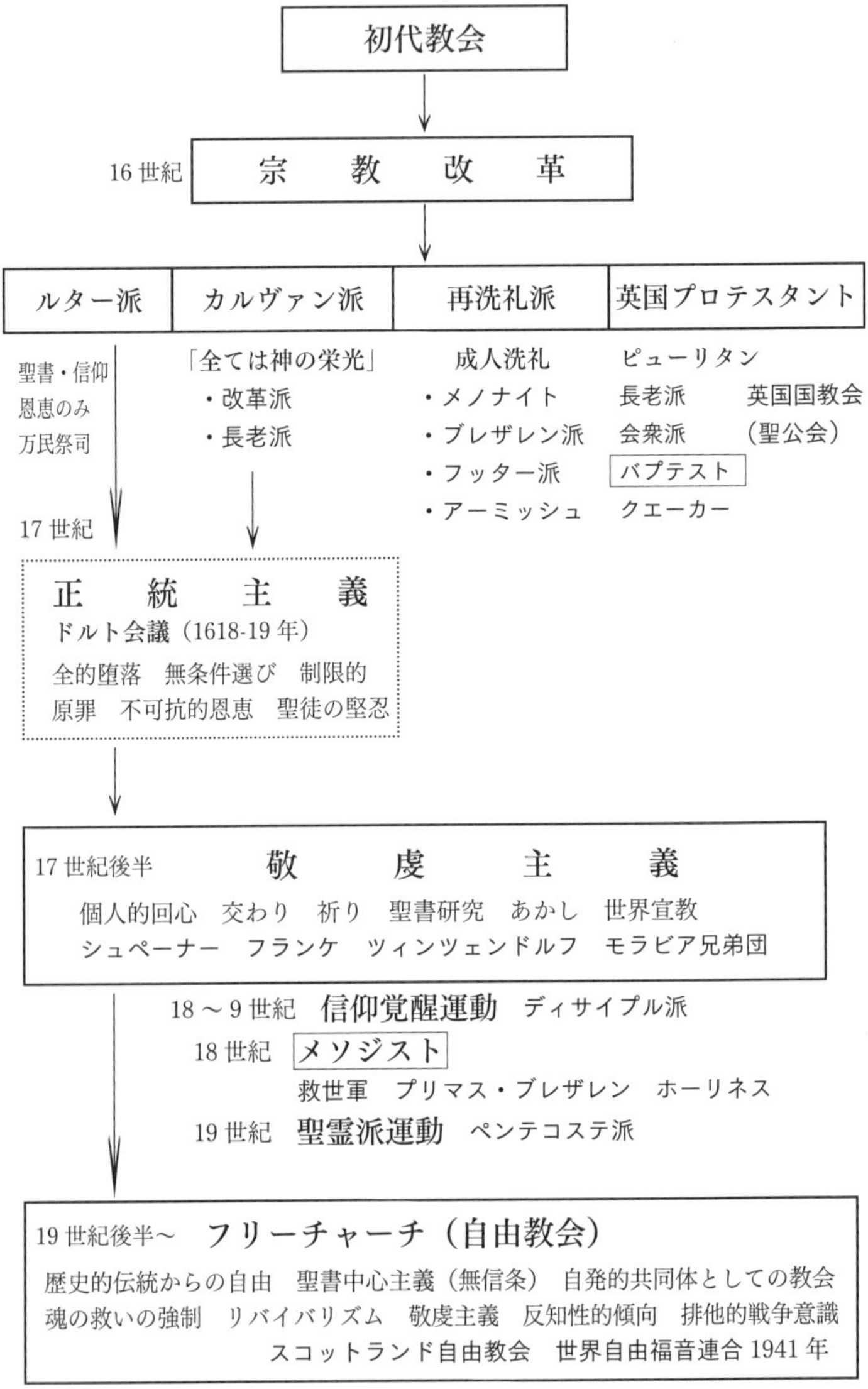

図 45　プロテスタントの概略図

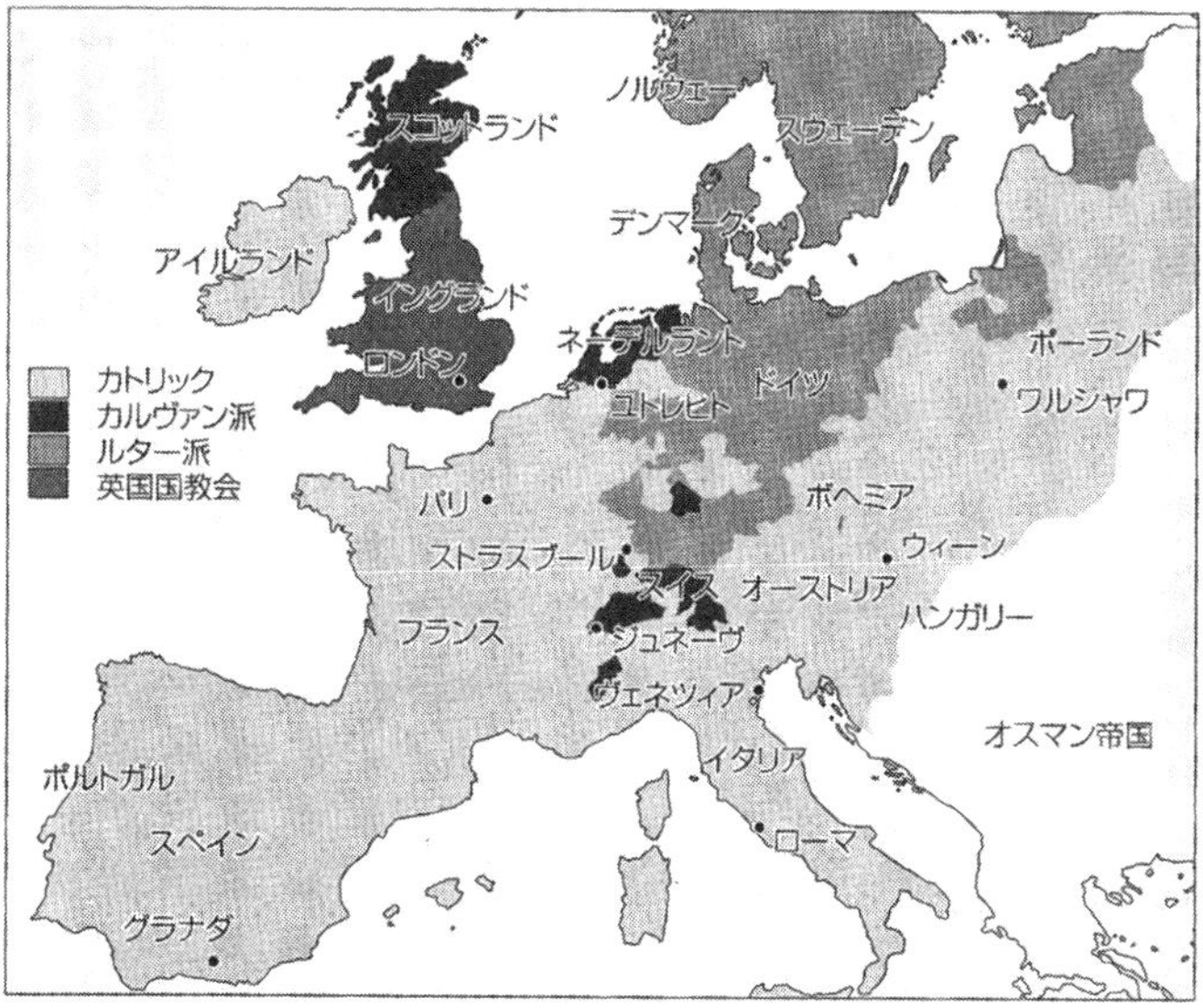

図 46　16 世紀末の宗教分布図

○カルヴィニズム

ジャン・カルヴァンの宗教改革の精神によって形成された教会で、改革派教会、長老派教会である。『ハイデルベルク信仰問答』(一五六三年)、『ベルギー信条』(一五六一年)、『ドルト信条』(一六一九年)、『ウェストミンスター信仰告白』(一六四八年)にその神学が集大成されている。神学の特色を要約すると以下の五要素になる。①「全的堕落(total depravity)」――罪のために人間は全く腐敗している。②「無条件的選び(unconditional election)」――神の主権的な意志によって人の救いは選ばれている。③「制限的贖罪(limited atonement)」――キリストの十字架と復活による罪からの救いは、実際には選ばれた人に限定される。④「不可抗的恩恵(irresistible grace)」――神が聖霊を通して与える恵みに人は抵抗することが出来ない。⑤「聖徒の堅忍(perseverance of the saints)」一度救われた

図47　シュペーナー

図48　フランケ

人は、最後まで信仰を神により支えられて永遠に救われる。これらの英語の頭文字をつないでチューリップ（tulip）の神学と呼ばれる。

○敬虔派（パイエティズム）

ルターとカルヴァンを中心に展開した古プロテスタント教会は、一七世紀になると、神学中心のいわば「知識偏重《へんちょう》」の正統主義の時代になった。この時代、組織神学の形成は積極的な果実であったが、信仰が「冷たい」形式主義になり、「あたたかい」信仰生活が軽視されるようになった。このような教会の状況の内部改革運動が、ドイツを中心とした敬虔派運動であった。

ルター派牧師フィリップ・ヤーコプ・シュペーナー（Philipp Jakob Spener, 一六三五―一七〇五）は、エルザス地方の敬虔な法律家の家庭に生まれ、ピューリタン思想を学んだ。シュトラスブルク大学で神学を修め、一六六三年にシュトラスブルク大聖堂説教師になった。その後、フランクフルト、ドレスデン、ベルリンで説教者・牧師になった。彼は「敬虔の集会」という聖書研究を中心とした家庭集会を開始した。また彼の著した『敬虔な望み』（一六七五年）では、グループによる聖書研究、万人祭司、他宗教への寛容、個人の回心、説教の改革が強調され、敬虔派の運動目標になった。

アウグスト・ヘルマン・フランケ（August Hermann Francke, 一六六三―一七二七）はリューベクで法律家の息子として生まれた。貴族の両親により牧師になることを決められ、エルフルト大学とキール大学で神学を学ぶ。一六八四年にライプツィヒ大学ヘブライ語私講師になる。この頃シュペーナーの影響を受け、一六八七年にリューネブルクで「新しく生れる」回心経験をした。一六九一年よりハレ大学ヘブライ語教授に就任し、敬虔派の運動を指導し、ハレ大学は敬虔派の牙城になった。一七一五年からはハレのウルリヒ教会の牧師を兼ねた。彼は、説教、子供の教育、信徒訪問、聖書教育、慈善活動、海外宣教等にも従事した。なお、内村鑑三を救いへと導いた米国アーマスト大学学長ジュリアス・シーリー（Julius Hawley Seelye, 一八二四―一八九五）はハレ大学に留学している。

ニコラウス・ルードヴィヒ・ツィンツェンドルフ（Nikolaus Ludwig Zinzendorf, 一七〇〇―一七六〇）は、ドレスデンでオーストリア貴族の家に生まれる。敬虔派の祖母により養育され、フランケの学校に学び、ヴィッテンベルク大学で法学を修め、一七二一年に故郷のドレスデンの法律顧問官に就任する。彼はオーストリア、ザクセンの伯爵であり、一七二二年に、モラビアから迫害を逃れてきたボヘミア兄弟団の人々を領地に住まわせた。彼等は「ヘルンフート（神のまもり）」兄弟団と呼ばれた。やがてツィンツェンドルは職を辞し、兄弟団の指導者となり、伝道者を派遣し、さらに近代海外宣教運動の基礎も築いた。一時、領地を追放されて、欧米各地の宣教活動を助けた。彼はルター派教会から嫌疑をかけられザクセンから追放され、オランダ、イギリス、アメリカにまで伝道した。一七四七年に呼び戻されてヘルンフート兄弟団は領邦教会として認可された。彼の思想はシュライエルマッハー、キルケゴールに影響を与えた。

図49　ツィンツェンドルフ

図50　ウェスレー

図51　クエイカーの集会

○メソジスト派

ジョン・ウェスレー（John Wesley, 一七〇三―一七九一）によって起こされたメソジストは一八世紀最大の信仰復興運動を展開した。英国国教会司祭の子であるウェスレーは、オックスフォード大学在学中に救われ、「神聖クラブ」を創設して、聖書研究と祈り、社会奉仕活動に従事した。一七三五年から三年間、米国ジョージア州に宣教師として活動したが、失敗した。帰国の船の中でモラビア派の人々から影響を受け、帰国してモラビア派集会で救いの体験をした。一七九五年に英国国教会から独立してメソジスト教会が設立された。メソジストの神学は、カルヴァン神学ではなくてアルミニウス神学であり、救いにおける神人協力説、そして「完全の教理」としての聖化論がある。人は、罪を犯さない状態になりうるとする思想である。

○洗礼派（バプテスト）から発生した諸信団《ゼクテ》

洗礼派は、一七世紀英国におけるピューリタンの会衆派から発生した。会衆派は、自覚的信仰告白のある信徒により教会を構成すべきだと主張した。ジョン・スミス（John Smith, 一五五四―一六一二）は、罪を悔い改めて救われてバプテスマ（浸礼）を受けた者によってのみ教会は構成されるとして幼児洗礼を否定した。

洗礼派教会は、一六一二年に英国で設立され、アルミニウス神学を信じる「一般バプテスト」と呼ばれた。カルヴァン主義神学の「特別バプテスト」も生まれ、一六三八年、ジョン・スピルスバウリー（John Spilsbury, 一五九三―一六六八）により正式に教会として発足し、「第一ロンドン信仰告白」（一六四四年）を神学の基礎とした。ロジャー・ウィリアムス（Roger Williams, 一六〇三―一六八三）は、米国に洗礼派信仰を広めた。

メノー・シモンズ（Menno Simons, 一四九六―一五六一）はオランダに生まれ、カトリックの司祭を離れて再洗礼派運動に参加した。平和主義を唱え、救われた者だけが教会を構成すべきだとしたために、迫害を受けた。信仰書と説教により、再洗礼派に大きな影響を与え、メノナイトと呼ばれる信団が形成された。

クエイカーはジョージ・フォックス（George Fox, 一六二四―一六九一）によりイギリスで創設された霊的覚醒運動である。神学や教理よりも「内なる声、内なる光」という神との霊的体験を重視する。儀式や典礼を否定し、兵役を拒否し、絶対的平和主義を唱えたために、多くの者が迫害を受けて投獄された。

5「第二章　禁欲的プロテスタンティズムの天職倫理」の結論

「第二章　禁欲的プロテスタンティズムの天職倫理　一　世俗内的禁欲の宗教的諸基盤」の結論として、カルヴィニズム、ルター派、敬虔派、メソジスト派、洗礼派（バプテスト）、と、さらにカトリックとルター派との特徴は次頁のようになる。

図52　カトリック・ルター派と禁欲的プロテスタンティズムの比較

カトリック	伝統主義 「その日暮らし」 心情倫理	「福音的勧告」：清貧・貞潔・服従
ルター派	ベルーフ：近代的職業観 伝統主義：職業・身分を変えない	「福音的勧告」に対する反対 「神の容器」
カルヴィニズム	予定論 職業「隣人愛の現れ」「神の栄光の増加」「救いの確信」 内面的孤独化 呪術からの解放 世俗内的禁欲 責任倫理	「神の道具」 宗教的貴族主義 現実的で悲観的色彩を帯びた個人主義
敬虔派	真に回心した者だけから成る集会 恩恵期日説 懺悔の苦闘ののちの突然の回心	聖徒の宗教的貴族主義
メソジスト	生活の「方法的」組織化 聖化「完全の教理」	恩恵と完全の直接的な感情 信仰の果実としての行い
洗礼派	信団：みずから信じかつ再生した諸個人、そうした人々からなる団体 呪術からの解放 現世を拒否	宗教意識の聖霊的性格

教会や聖礼典による救済	感情的 律法の断罪的用法	感覚的・感情的な要素への絶対否定的な立場 禁欲的性格 隣人愛の非人格性 律法の規範的用法 信仰日記：自己の生活の計画的規制	内面的感情の昂進 「謙遜と砕かれた心」 「有閑階級のための宗教的遊戯」	激情的性格 純粋に感情的な、直接的な聖霊の証しから生じてくる絶対的な確信	原始キリスト教の聖霊宗教的な思想 聖霊の働きに関する「待望」
前近代的職業者 実業小学校 高等小学校	近代的職業者 高等教育進学者	熟練工、高等教育進学 市民的・資本主義的な企業家	「職業に忠実な」役人、雇人、労働者、家内生産者		官職に就くことの拒否 非政治的な職業生活
		オランダ・イギリス	家父長的精神の雇主		非政治的な職業生活

また、ピューリタニズム（カルヴァン派）とその他の倫理との比較は以下になる。

図53　ピューリタニズムとその他の倫理の比較

ピューリタニズム	その他の倫理
確定した職業の持つ）禁欲的意義の強調 近代の専門人　醒めた市民的「自力独行の人」	領主・貴族の道徳的弛み 成り上がり者の成金的な見栄
合理的・市民的な経営　労働の合理的組織	政治や投機を志向する「冒険商人」的資本主義 ユダヤ教の賤民資本主義
反権威的な、国家にとって危険な、禁欲的な、私的集会	「享楽意欲」あるものを保護　民衆的娯楽が法律上許された
合理的な禁欲	職業労働を忘れさせるような衝動的快楽
ルネサンス的教養　呪術や儀式に対する嫌悪 小説は時間の無駄「むなしい見栄」 被造物神化の拒否　生活の規格化、画一化	芸術や遊戯のための文化財の悦楽

奢侈的消費の圧殺　利潤の追求の合法化 「貪欲」と「拝金主義」の排斥 禁欲的節約強制による資本形成　莫大な富・資本蓄積欲と簡素な生活	所有物の無頓着な享楽 純粋に衝動的な物欲 富裕になることを究極的目的として富を追求
厳密な規律と自制によって自己を統御し、形式的な倫理的規制に身を委ねようとする性格	素朴な人生の喜びを味わおうとする準貴族地主層 封建貴族的な生活をしようとした冒険者（北米）
市民的営業道徳	ユダヤ的エートス　大資本家の特徴を持つ「廷臣や投機的企画者」

6　解説

古プロテスタント

古プロテスタントとしてカルヴィニズム、ルター派、敬虔派、メソジスト派、洗礼派（バプテスト）等をあげて、それぞれの思想が比較研究されている。読んでいたとき、改革派神学に立っている著者の信仰が、いったいどれに近いものであるかわからなくなってしまった。たしかに、改革派はカルヴィニズムの流れであるが、ルター派における伝統主義や体験重視の傾向もまた、私の信仰を形成している。有名なる二つの信仰者のタイプによれば、「神の容器」であると同時に「神の道具」でもありうる。

いったい私はどこに属すのであろうか。

こう思いあぐんで読んでいたとき、一つの解明を見出した。それは、彼らはあくまでも古プロテスタントであり、時代の子であったということである。古プロテスタントとは、宗教改革の第一世代、すなわち、十六世紀のルターやカルヴァンの世代を指す。ヴェーバーが生きた二十世紀初頭のプロテスタントとは異なる。古プロテスタントの日常生活は現在よりもはるかに禁欲的である。基本的な神学は同じだが、古プロテスタンティズムは次の正統主義の時代を迎える。そしてその反動として、生きた信仰生活を重視するプロテスタンティズムの内部改革運動である敬虔主義の時代になった。（図45を参照）現在のプロテスタンティズムは、敬虔主義の流れにある。したがって、カルヴァン派と敬虔派に著者は共感を持つのである。

禁欲主義（Acseticism）

古プロテスタントのカルヴィニズムの禁欲的生活は、心情的についていけないものである。なぜなら、聖書は禁欲主義を否定しているからである。パウロ書簡集を見ると、初代教会に異端のグノーシス主義が入ってきたことがわかる。これは霊肉二元論に立つ教えであり、禁欲主義を主張している。これにパウロは反対している。「そのようなものはすべて、用いれば滅びるものについてであって、人間の戒めと教えによるものです。そのようなものは……肉のほしいままな欲望に対しては、何のききめもないのです」（コロサイ二章後半）と聖書にある。

もちろん聖書の言う「禁欲」と、ヴェーバーの言うものとには差がある。ヴェーバーの言う「禁欲」

とは、ある目標を達成する時に、不必要なものを捨て去る行為を意味する。食欲や性欲を断つという東洋的禁欲ではない。たとえば、大学受験のために娯楽を我慢するといった行為のことである。そして、近代におけるプロテスタントの禁欲倫理は、中世カトリック教会の修道院に見られるものと同じである。中世における「世俗外的禁欲」が宗教改革以降のプロテスタントのとりわけカルヴァン派信徒により「世俗内的禁欲」になった。それが近代資本主義の精神である合理化、計画化、組織化へ影響していったというのがヴェーバーテーゼである。

聖書が述べるように、**禁欲主義は永続しない**。古プロテスタント教徒も禁欲倫理により職業に集中したが、やがては富の誘惑によって信仰を失った。富の誘惑という「肉のほしいままな欲望」に対しては、ききめがなかったのである。『天職義務』の思想はかつての宗教的信仰の亡霊として、われわれの生活の中を徘徊している」。古プロテスタントの天職義務の信仰が、二十世紀初頭のドイツ人の生活において、もはや見られない。亡霊のようになってしまった。

人は弱い存在である。特定の目標ある時には、一時的に、禁欲倫理によって行動する。それ以外は生活を楽しむことが重要であろう。旧約聖書において伝道者が語ったように。

「人には、食べたり飲んだりして、自分の労苦に満足を見出すことよりほかに、何も良いことがない。そのようにすることもまた、神の御手によることであると分かった。実に、神から離れて、だれが食べ、だれが楽しむことができるであろうか」。（伝道者の書二章二四―二五節）

救いの確証

キリスト教における救いとは、罪からの救いである。人は罪のために死ななければならない。人はいくら努力しても罪から救われることができない。しかし神は、そのようなみじめな人を愛して、人となりこの世に来て、人の罪の身代わりに十字架で死に、復活した。自分の罪を悔い改め、イエスの十字架と復活を信じる者は、罪から救われ、永遠のいのちを与えられる。

「すべての人は罪を犯して、神の栄光を受けることができず、神の恵みによりキリスト・イエスによる購いを通して、価なしに義と認められるからです」（ローマ人への手紙三章二三―二四節）

「神は、実に、そのひとり子をお与えになったほどに世を愛された。それは御子を信じる者が、一人として滅びることなく、永遠のいのちを持つためである」（ヨハネ福音書三章十六節）

古プロテスタントは、自分の救いの確証のために生活から享楽的なものを極端なまでに追放し、禁欲生活を徹底させていった。たとえば、彼らにおいては、怠惰や娯楽は否定され、なかでも時間の浪費が最も重い罪とされた。また、音楽、スポーツ、黙想さえも神に喜ばれない行為として排斥された。彼らは生活の虚飾を排し、ひたすら自らの職業を使命とみなして、世俗的禁欲生活を推し進めていく。

彼らはなぜ、これほどまでに極端な、また異常とさえ思われる禁欲生活へと走ったのであろうか。

カルヴァン自身は自らの救いを確信していた。そして「われわれは、神が決定し給うのだという知識と、真の信仰から生じるキリストへの堅忍な信頼をもって満足しなければならない」と述べて、神への確かな信頼が救いの確証であった。

しかしカルヴァン派信徒はそうではなかった。彼らは、カルヴァンのような聖書知識を持っていなかった。

中世の人々にとって、救いは教会の礼拝に出席して、わからないラテン語で行われる七つの秘跡に参加することによって確証されていた。七つの秘跡は、洗礼・聖体・堅信・告解・婚姻・塗油「終油」・叙階である。秘蹟は、彼らにとって、救いにいたるいわば目に見える橋として、天国まで、しっかりとつながっていた。この世に生まれたら、教会で洗礼を受けてキリストの体である教会の会員になる。教会の七つの秘跡を人生の各段階で守る。この世のいのちが終わると教会の墓地に運ばれ、魂は天国に行く。

しかしこのような「天国への橋」は、宗教改革者たちによって破壊されてしまった。聖書だけが救いの根拠とされた。それまで、まがりなりにも救いへと連なる橋を渡るだけで満足していた人々にとって、この変化は大きい。救いはもはや目に見える形では確証されない。多くの者は、聖書をすべて読んだこともない。自分自身が目に見える「天国への橋」を築かねばならなくなってしまった。職業は神からの使命だとされた。そこで彼らは自らの救いの確証を、職業に求めた。職業の結果として与えられる利潤が「天国への橋」になった。できるだけ利潤を多くして、「天国への橋」を堅固なものにしよう。そのために禁欲倫理に基づいて、合理化され計画化された生活を築いていった。その結果、極端なまでの禁欲生活を送ったのである。

このように、宗教改革によって、目に見える形としての聖と俗との区別がなくなった社会において、民衆は自らの力により聖的なものを必死なまでに守ろうとした。そのために、そこに聖書とは相反する人間的な力による禁欲の要素が不可避的に混在せざるを得なかった。その結果、聖書の教えを過度に超えてしまった生活の聖化がなされたと考えられる。

ところで、救いの確証について、聖書には以下の言葉がある。


あなたがたはイエス・キリストを見たことはないけれども愛しており、今見てはいないけれども信じており、ことばに尽くせない、栄えに満ちた喜びに踊っています。あなたがたが、信仰の結果であるたましいの救いを得ているからです。（ペテロによる手紙第一一章八―九節）

救いの確証は「ことばに尽くせない、栄えに満ちた喜び」と述べられている。敬虔派は、この「内面的喜び」を救いの確証とした。

敬虔派は、救われた喜びという感情を重視して、他の者とは異なることにプライドを持つ「宗教的貴族主義」をもち、他とは異なる救われた者だけが形成する集会を形成した。一方、喜びという感情を否定するカルヴァン派信徒にも宗教的貴族主義があった。彼らの宗教的貴族主義は、世俗内禁欲に基づく合理的計画的組織的生活によるものであったと考えられる。堅固なる禁欲生活とその結果としての富の蓄積。それが彼らのプライドとなった。

伝統主義から離脱し、世俗内的禁欲へと向かわせたカルヴァン派のエネルギーは、救いの確証以外に何があったであろうか。

第一に、「神の栄光を現す」という積極的な面と、「救いの確証をえる」という消極的面の二面から、世俗内的禁欲の現実的な姿を再構成する見解は、実に妥当なものである。これは、まさにヴェーバーが論じ、強調すべきものであったと考えられる[4]。

第二に、カトリック教会に対する古プロテスタント自身のアイデンティティの確立のためにも、彼らは禁欲生活へと走ったと考えられる。なぜならば、カトリックの旧体制は依然として彼らとともに存在しているのであり、旧体制の人々と同じであれば、古プロテスタントの存在自体が危うくなるからである。

カトリック教会と古プロテスタントの両体制は、悲惨なユグノー戦争や三十年戦争を見るまでもなく互いに敵対関係にあった。神学だけでなく目に見える生活行為においても相異なるものとして、その存在を呈示していった。それが古プロテスタントにおいては禁欲による生活の聖化の一要因になったと考えられる。

他方、カトリック教徒においては、対抗宗教改革により、神学が一層堅固になり、修道会活動が活発になり、世界伝道へと進展していったと考えられる。こうしてプロテスタント教会は、十八世紀にウィリアム・ケアリ（William Carey, 一七六一—一八三四）が出現するまで、世界宣教にたちおくれたのである。

聖化

人間の力による禁欲は長くは続かない。それはちょうどスパルタ教育が、一時的な効果はあっても、生徒に学問への興味を失わすのと同様に、信仰の本質的な要素をいつのまにか追い出してしまう。それは、確かに聖書の言うように「用いれば滅ぶもの」（コロサイ二章二二節）である。

聖書の言う生活の聖化とは、人間の力によるものではない。信じる者に働く神によるものである。「この世と調子を合わせてはいけません。むしろ、心を新たにすることで、自分を変えていただきなさい。そうすれば、神のみこころは何か、すなわち、何が良いことで、神に喜ばれ、完全であるのかを見分けるようになります」（ローマ人への手紙十二章二節）とあるように、自らの罪を心から悔い改め、神に救いを求める者に働く神の力によって、はじめて根源的に聖化へとむかうのである。それは地味だが確実な発展過程を取る。そして罪から解放される完全なる聖化は、あくまでも天国においてのみである。

もしも古プロテスタントの信徒が、自らの力による生活の聖化がどのようなものであるかを聖書を通して理解し、しかも正しい信仰に立った新生者（再生者）であったならば、富の増加の誘惑によって信仰の実質を捨て去ることもなく、神の栄光を現し続けたことであろう。「『職業義務』の思想はかつての宗教的信仰の亡霊としてわれわれの生活の中を巡り歩いている」という悲劇的な現状は、歴史の教訓になる。

だが過度に強調されてはいたが、職業を通して神の栄光を現わすことは、聖書的なものである。

ヴェーバーの予言の成就

ヴェーバーが生きたのは、一八六四年から一九二〇年であった。第一次世界大戦でドイツが降伏した二年後に亡くなっている。

将来、この鉄の檻（資本主義体制）の巨大な発展が終わる時、世界はどうなるのか――この問いに対して、ヴェーバーは『プロ倫』の最後において、以下の三つの予言をしている。

①まったく新しい預言者たちが現れる
②かつての思想や理想の力強い復活が起る
③一種の異常な尊大さで粉飾された機械的化石と化する

「まだ誰にも分からない」と、ヴェーバーは述べてはいるが、そのあとに「こうした文化発展の最後に現れる『末人たち letzte Menschen』にとっては、次の言葉が真理となるのではなかろうか。『精神なき専門人、心情のない享楽人。この無のもの（ニヒツ）は、人間性のかつて達したことのない段階にまですでにのぼりつめた』、と自惚れるだろう」と述べている。このことから、③の「機械的化石と化する」ことはヴェーバーの予言が、特に第二次世界大戦後の社会において、明らかに実現したということができる。

それでは、他の二つの予言はどうであろうか。②の「かつての思想の復活」は起らなかったと言えるだろう。①の「まったく新しい預言者が現れる」ことについては、ヴェーバーの死後に、ドイツにおいて独裁政権を樹立したアドルフ・ヒトラー（一八八九―一九四五年）があてはまるかもしれない。ヒトラーは第一次世界大戦では伍長として活躍し、戦後、ミュンヘンに戻り、国防軍の政治教育係として雇われ、一九一九年にはドイツ労働者党に加入した。そして、ヴェーバーが逝去した一九二〇年には、党名が国家社会主義ドイツ労働者党（ナチス）に改名されて、ヒトラーは党指導者になっていった。確かにヒトラーは「新しい予言者」となりドイツ国民の九割の支持を得て総統になった。

ヴェーバーは「このように二十世紀を見抜いた男」と十分言うことができる。

第三節　『職業としての学問』

第一次世界大戦の末期の一九一八年に、ヴェーバーはウィーン大学に招かれ、教授として十九年ぶりに夏の一学期を担当した。一九一八年にはミュンヘン大学に再び教授として招かれた。

一九一九年一月と二月に、ミュンヘンの自由学生同盟の依頼によって二回にわたり職業問題に関する公開講演をした。それが同年パンフレットとして出版されたのが『職業としての政治』と『職業としての学問』である。「職業」と和訳されたが、ドイツ語ではBerufである。したがって『神からの使命としての政治』『神からの使命としての学問』との訳の方が適切である。

1　解説

本書は、学問の現状、大学教員の心構え、学問の職分の三点が大学生を相手にして述べられている。

学問の現状

ヴェーバーが生きた二十世紀前半における学問の外的条件として、「ドイツの大学型」と「アメリ

カの大学型」が比較されている。（図54）
これは今日の大学においての、概ね当てはまると考えられる。日本においては、非常勤講師は「ドイツの大学型」が当てはまり、助手から教授までの常勤職は「アメリカの大学型」だと思われる。

図54　ドイツの大学と米国の大学の比較

ドイツの大学	アメリカの大学
金権主義的前提	官僚主義的組織
「私講師」からスタート ・大学に就職し、無給（学生からの聴講料のみ）で講義を行う ・生計を立てるに足るべき地位に就く機会があるかは不明 ・若い時代を十分に研究にあてることが出来る	「助手」からスタート ・有給（少額）で、安定した地位 ・雇い主の期待に添えなければ解雇される ・給料をもらう身であるため、若い時代を大学の仕事（講義）に追われる

大学教員の心構え
大学教員の資格としては、学者としての資格だけでなく、教師としての資格をももつべきであり、これらふたつの才能を兼ね備えた学者の出現はまったくの偶然に持つほかない、と、悲観的に述べら

れている。

ヴェーバーの時代では大学教授は、学問研究と教育の責任があった。日本の大学もかつては同様であった。

だが、今日の日本の大学では、学者と教員の責任だけでなく、第三の責任として、大学運営の責任がある。各種の委員会活動や、評議員、代議員、そして管理職の責任である。これら三つの責任、すなわち、学問研究と教育と運営の責任をバランスよく果たさなければ、昇格できないことになっている。また、教育に関しては、近年、学生の授業評価アンケートが広く実施されることになり、担当した教員は、その結果を見て授業のあり方を改善しなければならなくなった。授業評価が各自の報酬に反映される大学は、まだ少ないが、今後、増加することが予想される。

ヴェーバーは、大学教員への就職と昇進に関しては、「ただ僥倖を持つほかにない、これほど偶然によって左右される職歴はほかにないであろう」と述べている。また、「大学に職を奉ずるものの生活すべて僥倖の支配下にある」、と述べている。

大学教員の人生のほとんどは、僥倖が決定する。ヴェーバー自身、学位論文の指導教授ゴールドシュミットが病気になり、その代講として、一八九二年からベルリン大学において大学教員の人生を歩むようになった。これはヴェーバーにとり「予期せぬ」経験であり、僥倖であった。

だが、一八九四年にベルリン大学に残らずにフライブルク大学に移ったのは、僥倖ではなかった。その背景には、プロイセン教育制度担当者アルトホフ枢密顧問官とヴェーバーとの不愉快な経験があった。ベルリン大学かフライブルク大学に行くかは、ヴェーバーは自由に選びたかったが、アルトホフは事実に基づかない情報を大学に流して、それを妨害したのである。「人間の性格をこのように手玉にとることは―たとえそれが客観的にはこのように是認すべき目的のためであれ―ウェーバーの目には唾棄すべきことのように見え、そして彼は決してそれを容赦しなかった。……この独裁的な人間の勢力圏外に置かれるということが、フライブルクへの招聘を受諾するほうへ心を傾かせる一つの理由であった」と妻のマリアンネは述べている。

このような経験から、ヴェーバーは、「大学の教師は、だれしもその就任のときの事情を回想することを好まない。なぜなら、それはたいてい不愉快な思い出だからである」、と述べている。

2　日本における大学教員就職の状況

ヴェーバーが講演したのは一九一九年であり、しかもドイツの大学生を対象にしていた。今日の日本における大学の外的条件はどのようなものであろうか。著者の経験から日本の状況を述べる。

研究者には、同じ大学の大学院で特定の指導教授の下に指導される「忠実な徒弟型」と、学部とは異なる大学院で自由に複数の指導教授の下で研究する「自由な遍歴職員型」とがある。また、大学の教員になるには、大きく二つの道がある。人間関係によって大学の職を得る道と、公募によって職を得る道である。

一般的には、「忠実なる徒弟型」の研究者は、前者であり、指導教官の世話により職を得、「自由な遍歴職人型」の研究者は実力勝負で職を得る後者である。私の場合は、学部と修士課程(東京外国語大学)終了後には、他の三つの大学(一橋大学、エール大学、東京大学)の博士課程に学んだので、明らかに遍歴職人型である。

就職に関しては、非常勤講師と私立大学専任講師への就職は人間関係によって決まり、国立大学への転身は、純粋に公募によって決まった。

私立大学専任講師就職への道

三年間におよぶ留学から帰国して、最初の私立大学（明治学院大学）非常勤講師への就職は、学会で私の研究発表を聞いていた教授の推薦によるものであった。また、二十二年間も教えることになった私立大学（慶應義塾大学）非常勤講師への就職は、エール大学留学時に親しくなった同大学教授によるものであり、二つの国立大学（東京大学と東京外国語大学）の非常勤講師への就職は、イスラエル留学時に親しくなった方と、同じ大学院出身者のコネによるものであった。他の二つの大学院非常勤講師への就職も、同じ大学院出身者の紹介によるものであった。したがって非常勤職への就職は、すべて人間関係によるものであった。

一九八五年、エール大学大学院歴史学研究科博士課程のコースワークを終えた頃、日本の関西の公立大学から助教授への就職の話があった。エール大学では、指導教授がいなくなったという事情もあり、一応、修士号を取得して一年間は、妻も大学院で学ぶために研究員として残り、その後、帰国することを決意した。

帰国して関西の公立大学の教授宅に行った。彼の友人の教授がクリスチャンであり私のことを知っていて、私を紹介したとのこと。

「実は、京都大学派と反京都大学派に教員が分かれていまして、あなたは一橋大学大学院出身なので、我々反京都大学派の助教授候補になります。採用の可能性は五分五分です。この後、どの様になるのかわかりません」

初対面だがにこやかに語る教授に「よろしくお願いします」と答えた。だが派閥争いになるのに不安が残った。

ほどなくして、東京にある私立短期大学の学長から懇談したいという申し出があった。その大学は、かつて一橋大学大学院時代に聴講したことのある大学であった。

私は、その短期大学に行き、キャンパスの奥にある学長室に通された。文部省に短期大学から四年制大学になるのを申請したのだが、教員資格に問題があると文部省から指摘され、申請できなかった、だから私にぜひとも助けてほしいとのことであった。留学する前に、私はある学会で研究発表をした。それを聞いたクリスチャンの私立大学教授が私を歴史担当の専任講師に推薦したとのことであった。

「先生の今住んでおられる所から、車で十分の所に新しいキャンパスが建設されます」

学長は、懇懃に地図を机に広げて、四年制大学の移転先が、私の住んでいる所に近いということも強調した。

「『国立大学の博士課程修了者が一人もいない』と文部省から言われたのよ。ぜひとも助けてください」と学部長の女性教授からも、協力をたのまれた。

私は祈り、この大学に協力し、関西の大学の申し出はことわることにした。なぜなら、この大学では教えながら、神学を学ぶことができるからであった。

将来、牧師として働くためにも、神学をしっかりと学びたいと思い、エール大学でも、神学校の公開聖書講座で学んでいた。そこで、自由に神学を聴講できることを条件に、短期大学にて教えることになった。

国立大学助教授就任への道

公募は二つの種類に分かれる。純粋に公正な公募と形式的な公募である。

条件に合った候補者の業績を人事委員会でチェックして最もふさわしい人物を公正に二人選び、順位をつけて教授会に提案する。教授会の質疑応答と議論を経て、最後は投票によって決定するのが純粋な公募である。地方の国立大学には純粋な公募がある。他方、すでに相応しい人物が内定していて、形式的に公募するのが後者である。私立大学の多くの公募は、形式的公募である。

私は私立の短期大学と四年生大学で八年間教え、神学の学びもほとんど終えていた。他の大学への転進を考えて調べると、大学教員公募がいくつかあった。そのなかで、以下の助教授公募の条件が、すべて私に合っていた。

教官の公募について（依頼）

愛知養育大学長
仲井　豊

謹啓　時下ますます御清祥のこととおよろこび申し上げます。

さて、このたび本学（史学教室）の教官を下記により公募することになりました。

つきましては、御繁務のところ恐縮に存じますが、貴大学及び関係諸方面へ御周知いただくとともに、適任者を御推薦くださいますようにお願申し上げます。

記

採用予定官職　助教授
専攻科目　近代西洋史
担当予定科目　外国史概説、外国史書講読、西洋史特論、史学論文演習、歴史学（一般教育）
資格　次の各号の一つに該当し、教育・研究上の能力があると認められる者
(1)博士又は修士の学位を有する者
(2)専攻分野について、(1)と同等又はそれ以上の優れた知識及び経験を有する者
年齢　昭和二八年四月二日から昭和三四年四月一日までに生まれた者
公募締切日　平成八年一月二十日（当日の消印は有効）
任用予定日　平成八年六月一日
提出書類　(1)　履歴書（写真貼付のこと）　一通
(2)　健康診断書（国公立病院又は保健所発行のもの）　一通

(3) 推薦書　一通
(4) 研究業績一覧（別添様式に従い作成されたもの）　一部
(5) 著書及び論文など研究業績の裏付けとなる資料　各一部
(6) (5)の目録　一部

この公募もどうせ形式的公募だろう。加えてこの大学には知人も仲介してくれる人もいない。無理だろう。私の行く末を心配する弁護士には「応募しても、まずだめでしょう。コネがないので」と答えた。

一応、「ダメでもともと」で、応募書類を集めて郵送した。

一九九六年四月十六日、水曜日の出来事。教会の祈祷会から帰宅した夜九時ごろに電話があった。

「私は、愛知教育大学のMと申しますが、黒川先生でしょうか？」

「はい、そうです」

「たった今、教授会で、先生を助教授としてお迎えすることが決まりました。変則的に四月一日ではなくて六月一日からの採用になりますが、来ていただけますでしょうか？」

全く予想もしなかった電話の言葉に答えた。

「私でいいのですか。はい、六月一日から行きます」

一年間にわたる自宅研修が終わるのが五月末であった。まさかの時は、神の時。

旧約聖書のサムエル記におけるサウル王に攻撃されるダビデの経験と、敵を背にして葦の海が真二つに割れて救われたモーセとユダヤの民の出エジプトの経験をして、私には国立大学への道が開かれたのであった。奇跡としかいいようがない。明らかに神の導きであった。

「神様は、本当におられるのですね」――私の「出エジプト」をよく知る職員の言葉である。

「神は真実な方ですから、あなたがたを耐えることのできないような試練に会わせるようなことはなさいません。むしろ、耐えることのできるように、試練とともに、脱出の道も備えてくださいます」

（第一コリント十章一三節）

愛知教育大学では、教員公募に関しては純粋な公募であり、長年にわたり、面接試験はせずに、書類審査だけで公正に決定していた。現在は面接試験も導入されている。地方の国立大学のいくつかも純粋に公正な公募である。

新学部教授就任への道

専任教授職への就職に、まれに起こることだが、学会や研究会での発表が評価されて就職する道がある。研究が評価されての就職であるから、これが本来の理想的な就職の道だと言える。

また、大学や学部・学科を新設する時には、公募によらない。人事担当者が、ふさわしい研究者を見つけなければならない。だから人間関係による就職である。ただし新設する場合、文科省の採用する教員の条件はかなり厳しいので、純粋に研究業績によって採用しなければならない。

二〇一五年七月下旬の暑い日に、明治学院大学を会場にしたある学会で公開講演をした。会場には三十名程が出席していたが、知り合いは甥の現役学生のみ。私を推薦した恩師は腰痛のために欠席。私は五枚のレジュメと二十枚の史料集を配布して講演した。

私の講演は通説を覆す結論であったが、質疑応答では暖かく受け入れられた感があった。

講演が終わり、隣の控室で休んでいた時に、学会会長が来て私に尋ねた。

「先生は、来年の定年退職後はどうされますか」

「そうですね。来年、六三歳で定年退職しても、二年間は特別教授として今の大学に在籍できます。ですが、できれば、やはり関東の私立大学に行きたいですね。新幹線通勤で単身赴任は疲れますし、特別教授の給料も半額になっちゃうので」

会長は安心した表情を見せ、ゆっくりと語った。

「実は、関東の私立大学で、新しい学部設置の認可を文科省から受けるために、私は宗教学を担当する教員を探しているのです。先生は宗教学を教えられますね」

「はい。南山大学では宗教学演習を担当していて、私の専門は宗教史ですから、できます」

「それでは先生のメールアドレスをお教えください。後ほど連絡させていただきます」

帰宅してその晩は、昼間の話が夢のように思われた。駅伝で有名な大学の新学部設置の話。本当なのか。初対面の方からの話は、現実離れしているのではないか。そんなうまい話はあるのだろうか。

夕食後しばらくしてスマホを見るとメールが届いていた。来週の月曜日に新宿西口に履歴書と業績表を持参してください、とのこと。どうやら現実の話であるようだ。

翌週の月曜日に新宿西口にあるレストランで新学部の学部長が加わって懇談をした。

「実は、文科省の採用する教員の条件が非常に厳しくて、過去五年間に、空白なく毎年、学会論文もしくは学術書を出版した者とありまして、探すのに苦労しました。先生はまったく問題ありません」

私はこれまでの研究の集大成として、過去五年間、ほぼ毎年学術書を出版していた。出版しない年には学会論文を発表していた。

「先生の指導教官は、どなたですか？」

学部長に恩師の名前を告げると、二人は恩師のことを知っているかのように顔を見合わせた。ひょっとして恩師と関係が悪いのだろうか。私の首実検は、三十分程度で終わった。

翌年の九月には一泊二日で新採用教員の研修会が千葉県のホテルであった。有力国立大学と市立大学の博士号取得者もしくは博士課程修了者が教員の大半を占めていて、すぐに打ち解けた。

十一月に恩師に報告に行った。おそらくこの話があったから、恩師は夏に私に公開講演を頼んだのだろう。御礼しなくてはいけない。私はこれまでのいきさつを話した。

「そう、それは良かった。で、それはどこの大学ですか」

あれ、と思い大学名を言うと、恩師は驚いた表情をした。

「そこは、ぼくが断った大学だよ。年で、資料館長との両立はできないから断ったのだよ」

おそらくこういうことだろう。恩師は若手で常勤職にない研究者を何人か推薦した。だが文科省の厳しい教員採用条件を満足できなかったので、認可申請が遅れていた。学会会長と学部長が恩師の名前を言った時に、あのように反応した謎も解けた。

「先生、断ってくださってありがとうございます。残りの生涯、この大学で研究と教育にささげます」

マックス・ヴェーバーは『職業としての学問』において「大学に職を奉ずるものの生活はすべて僥倖の支配下にある」と述べている。僥倖とは英語では good luck。クリスチャンには luck は不適切で、good grace。一方的な神の恵みである。

私の人生においては、大学院入試合格、博士課程進学、米国留学、大学への就職、文学博士号授与、国立大学への転進等、すべてが予想を越えた一方的な神様のみわざであった。

今回の体験から学んだことは以下の二点である。神の言葉が先に与えられて、実際に使命を実現する道が決まったこと、第二に、今するべきことに力をいれれば、将来は開けていくこと。

「いたずらに待ち焦がれているだけではなにごともなされないという教訓を引き出そう。そしてこうした態度を改めて、自分の仕事に就き、そして『日々の要求』に従おう」（『職業としての学問』）

3　学問を職業とする者の心構え

大学教員の心構えとして、以下をヴェーバーは述べている。要点となる文章を提示する。

専門への情熱

学問に生きるものは、ひとり自己の専門に閉じこもることによってのみ、自分はここにのちのちまで残るような仕事を達成したという、おそらく生涯に二度とは味わえぬであろう深い喜びを感じることができる。

第三者にはおよそ馬鹿げてみえる三昧境、こうした情熱――これのない人は学問には向いていない。そういう人は何かほかのことをやったほうがよい。

情熱と霊感

いやしくも人間としての自覚あるものにとって、情熱なしになしうるすべては、無価値だからである。

思いつき

情熱はいわゆる「霊感」を生み出す地盤であり、そして「霊感」は学者にとって決定的なものである。

一般的に思いつきというものは、人が精出して仕事をしている時にかぎってあらわれる作業と情熱とが思いつきをさそう。

われわれの学問領域でもっともよい問題やまたそれのもっともすぐれた解釈は、しろうとの思いつきに負うことが多い。

学問上の霊感

学問上の霊感はだれにでも与えられるかというと、そうではない。それは潜在的な宿命の如何によって違うばかりでなく、とくに「天賦」の如何によっても違うのである。

「個性」

学問の領域で「個性」をもつのは、その個性ではなくて、その仕事につかえる人のみである。

自己を滅しておのれの課題に専心する人こそ、かえってその仕事の価値の増大とともにその名を高める結果となるであろう。

学問の進歩
それはつねに進歩すべく運命づけられているのである。

第四節　『職業としての政治』

1　解説

ヴェーバーは、政治活動においても積極的であった。学者、弁護士、そして政治家として終生活動したということができる。父が国民自由党の代議士でありビスマルク信奉者であった。少年時代には自宅のパーティーに名だたる政治家が出席しており、急進的自由主義者、講壇社会主義者の影響を受けた。大学では法学、政治学を修めて、司法試補官になり裁判などに従事した。ヴェーバーは、その後、急進的自由主義になり、第一次世界大戦後にはドイツ民主党に移った。ビスマルクの政治を批判し、最後には、民主主義的方法で「下から」新しい指導者が生まれることを期待した。

本書では、自らの政治体験を踏まえて、政治の本質が厳しくとらえられている。政治と道徳との峻別。政治権力の背後には暴力がある。政治の手段が暴力であり、権力が一切の政治行為の原動力である。キリスト教の福音の真理とは全く異なるのが政治の世界である。政治をおこなう者は、暴力の中に潜む悪魔と契約を結ぶ。政治には、暴力によってのみ解決できるような課題がある。

これらの結論は、今日の日本の政治にもあてはまるものである。それでは、キリスト者は政治にどのように関わったらよいのであろうか。キリスト者と政治に関する著者の考えを提起する。

表面に ご住所・ご氏名等ご記入の上ご投函ください。

●今回お買い上げいただいた本の書名をご記入ください。
書名：

●この本を何でお知りになりましたか？
1. 新聞広告（　　　）2. 雑誌広告（　　　）3. 書評（　　　）
4. 書店で見て（　　　書店）5. 知人・友人等に薦められて
6. Facebook や小社ホームページ等を見て（　　　）

●ご購読ありがとうございます。
ご意見、ご感想などございましたらお書きくだされればさいわいです。
また、読んでみたいジャンルや書いていただきたい著者の方のお名前。

・新刊やイベントをご案内するヨベル・ニュースレター（E メール配信・不定期）をご希望の方にはお送りいたします。
（配信を希望する／希望しない）

・よろしければご関心のジャンルをお知らせください
（哲学・思想／宗教／心理／社会科学／社会ノンフィクション／教育／歴史／文学／自然科学／芸術／生活／語学／その他（　　　）

・小社へのご要望等ございましたらコメントをお願いします。

自費出版の手引き「**本を出版したい方へ**」を差し上げております。
興味のある方は送付させていただきます。
資料「**本を出版したい方へ**」が（必要　　必要ない）

見積（無料）など本造りに関するご相談を承っております。お気軽にご相談いただければ幸いです。

＊上記の個人情報に関しては、小社の御案内以外には使用いたしません。

郵便はがき

113 - 0033

恐縮ですが
切手を
お貼りください

東京都文京区本郷 4-1-1-5F

株式会社ヨベル YOBEL Inc. 行

ご住所・ご氏名等ご記入の上ご投函ください。

ご氏名：　　　　　　　　　　（　　　歳）

ご職業：

所属団体名（会社、学校等）：

ご住所：（〒　　　-　　　　）

電話（または携帯電話）：　　　　（　　　　　）

e-mail：

2　キリスト者と政治

政教分離の歴史

古代社会において、政治指導者は同時に宗教指導者でもあった。または政治指導者と宗教指導者が国家を支配していた。このような政教一致の国家は、宗教改革と近代革命により政教分離の国家に変えられていった。

西欧において十六世紀に展開した宗教改革のあと、百年近くにわたりカトリック教徒とプロテスタント教徒との間に宗教戦争が勃発した。ユグノー戦争（一五六二―九八年）と三十年戦争（一六一八―四八年）という悲惨な戦争である。三十年戦争では、ほぼ西欧全土が戦場となり、特にドイツの国土は荒廃し人口の約半分が犠牲になった。三十年戦争後に締結された一六四八年のウェストファリア条約によって、西欧では宗教戦争が終結した。そして信教の自由が承認され互いの信仰を認め合う宗教的寛容の時代になる。その後西欧には、教派が異なる国家が混在するようになった。

フランスでは、十八世紀になってもカトリック教会が免税特権を保持し国王と支配者側にいた。そのために一七八九年に開始されたフランス革命では教会は民衆の攻撃対象になった。特に革命末期の国民公会の時代には、ロベスピエールが指導するジャコバン政権により、徹底した非キリスト教化が実施された。革命のアレゴリーの設定、理性の祭典や最高存在の祭典、革命暦（共和暦）や墓地令の制定等が非キリスト教化の具体例である。フランスにおける非キリスト教化は、一八〇一年、ナポレオンが教皇ピウス七世との間にコンコルダート（宗教協約）を締結して、教皇庁と和解して、カトリック教会が復活することによって終結した。このような流れの中で、政教分離の原則が提示され継承され、今日に至っている。このように政教分離は、西欧近代の所産だということができる。

政教分離の原則

アジア・太平洋戦争の敗戦後、欧米憲法を基礎として制定された日本国憲法には、政教分離の原則が以下のように規定されている。

「いかなる宗教団体も、国から特権を受け、又は政治上の権力を行使してはならない」第二〇条一項後段、「国及びその機関は、宗教教育その他いかなる宗教的活動もしてはならない」同三項、「公金その他の公の財産は、宗教上の組織若しくは団体の使用、便益若しくは維持のため、……これを支出し、又はその利用に供してはならない」第八九条前段

政教分離は、国家の非宗教性ないし宗教に対する中立性を原則とし、その趣旨・目的は、以下の三点である。

①個人の信仰の自由、宗教実践の自由等の狭義の信教の自由、特に少数者の信教の自由の保障を補強する

②政府を、民主主義の理念に反する破壊から救う

③宗教を堕落から回避させる

日本国憲法は、信教の自由の保障を強化するための手段として政教分離を制度としたと考えられ、政教分離規定は、制度的保障であると解される。

政教分離の三つの型

国家の宗教に対する態度には、以下の三つの型がある。

イギリス型（国家承認型）：国教制度を建前とするが他宗教に広範な宗教的寛容を認める。デンマーク、ノルウェー、フィンランド、ギリシャ、ロシア、エジプト等。

ドイツ・イタリア型（政教同格型）：国家と宗教団体を分離し、固有の領域において独立であることを認め、競合事項に関してはコンコルダート（宗教協約）を結び、それに基づき処理する。オランダ、オーストリア、スペイン、ポルトガル、アイルランド等。

アメリカ・フランス型（厳格分離型）：国家と宗教を厳格に分離し、相互に干渉しない。日本、ハンガリー、オーストラリア、トルコ、メキシコ、エストニア、スロヴェキア、スロヴェニア等。

日本の政教分離

日本国憲法は、戦後、欧米憲法を参考にして制定されたものであるから、日本の政教分離の思想は、欧米のように宗教改革や宗教戦争、近代革命を経験して「内在的に」獲得されたものではない。また、欧米では、宗教の支配から国家を守ることが政教分離の歴史的背景にあった。一方、日本の場合は、戦前戦中において国家が宗教を利用した苦い歴史的経験から、国家を宗教から離すことが、その背景にある。

しかし、国家と宗教との関係は、完全に排除できるのであろうか。完全な排除は、福祉国家理念に照らし適当ではない。歴史的に見ても、国家は何らかの宗教を伝統的に保持していることを認めざるを得ない。

それなら、国家と宗教との結びつきは、どの程度まで許されるのであろうか。

これに関しては、習俗的行為であれば許されるとする完全分離説や、厳格な基準を設定する米国の判例理論（レモン・テスト）もあるが、日本の最高裁の判断では、国家と宗教との関係が、社会的・文化的諸条件に照らし相当とされる限度を超えるものと認められる場合は許されないとされている。その判断の目的・効果基準は、①行為の目的が宗教的意義を持つ②その効果が宗教に対する援助、助長、促進または圧迫、干渉等になる、の二点になる。この双方に該当しなければ違憲とならない、という穏やかな基準である。

判例によると、津地鎮祭事件（最高裁一九七七年七月十三日）、自衛官合祀拒否訴訟（最高裁一九八八年六月一日）は、上記の基準によって憲法に違反するものではないとされた。判旨には「宗教的活動とは、……およそ国及びその機関の活動で宗教とのかかわりあいをもつすべての行為を指すものではなく、……当該行為の目的が宗教的意義を持ち、その効果が宗教に対する援助、助長、促進又は圧迫、干渉等になるような行為をいう」[5]（『憲法判例百選I』〔第六版〕有斐閣、四六頁）とある。最近では、内閣総理大臣の靖国神社参拝（福岡地裁二〇〇四年四月七日）は、信教の自由の侵害はないと判断されたが、判旨において、それが継続して行われると違憲の疑いがあるとされた。（福岡高等裁判者判旨　同四九頁）

このように国家から宗教を一切排除することはできず、社会通念に従って客観的に判断するのが判例である。日本は宗教的には神道と仏教の国家である。歴史的には、天皇制が神道の儀礼を伝統的に遵守してきた。従って、人口の一％以下のキリスト教徒が、完全な政教分離を求めて国家を告訴する場合は、日本の社会通念に従い客観的基準により判断しなければならない。条文にもとづく理想論に拘泥するよりも、訴訟の現実に即した判断をする。そうでないと、イギリスで王室の結婚式がキリスト教会で行われるのを政教分離の違反だとして、イギリスの少数の仏教徒が国家を訴えるのと同様になる。置かれた国家の宗教状況と法的現実を考慮することが必要である。ヴェーバーの言うように、「悪魔の能力と限界を知るために前もってまず悪魔のやり方を見抜いておかなくてはならない」（『職業としての学問』岩波文庫、一九九七年、六五頁）

聖書のことば

聖書は国家や政治に対するキリスト者の基本的態度について、以下のように述べている。

・国家権威に従う

「人はみな、上に立つ権威に従うべきです。……したがって、権威に反抗する者は、神の定めに逆らうのです」（ローマ十三章一―二節）

「人が立てたすべての制度に、主のゆえに従いなさい。それが主権者である王であっても」（第ペテロ二章十三節）

「カエサルのものはカエサルに、神のものは神に返しなさい」（ルカ福音書二十章二五節）

・よりよい政治状態を求める努力をする

「あなたが奴隷の状態で召されたのなら、そのことを気にしてはいけません。しかし、もし自由の身になれるなら、その機会を用いたらよいでしょう」（第一コリント七章二一節）

「あなたがたは、代価を払って買い取られたのです。人間の奴隷となってはいけません」（第一コリント七章二三節）

・戦争を避けて平和を求める

「主は国々の間をさばき、多くの民族に判決を下す。彼らはその剣を鋤に、その槍を鎌に打ち直す。国は国に向かって剣を上げず、もう戦うことを学ばない」（イザヤ書二章四節）

「剣を取る者はみな剣で滅びます」（マタイ福音書二六章五二節）

「あなたがたの敵を愛しなさい」（ルカ福音書六章二七節）

国家権力には反抗せずに、戦争を避けて平和を求めるが、より良き状態を求めて改革運動はできる。だが、理想的な政治形体や、政教一致か政教分離かについて、聖書は具体的には語っていない。

イエス時代の政治運動

イエスの時代、ユダヤ人はローマ帝国の支配下にあったユダヤ教のセクトはどのように行動したのであろうか。代表的セクトの傾向は以下のようになる。（図55参照）特殊化とはユダヤ民族主義のことであり、ローマ帝国からの独立志向を示す。

・サドカイ派：ヘレニズムに同化していたためにローマ帝国に従順であった。妥協型。

・パリサイ派：ユダヤ民族主義であるのでローマ帝国からの独立を求め、最右翼のスィカリ党は第一次ユダヤ戦争の時にマサダに立て籠り抵抗した。改革型、独立型。

・エッセネ派：ローマ帝国の支配から離れて、砂漠の中で共同生活をした。逃避型。

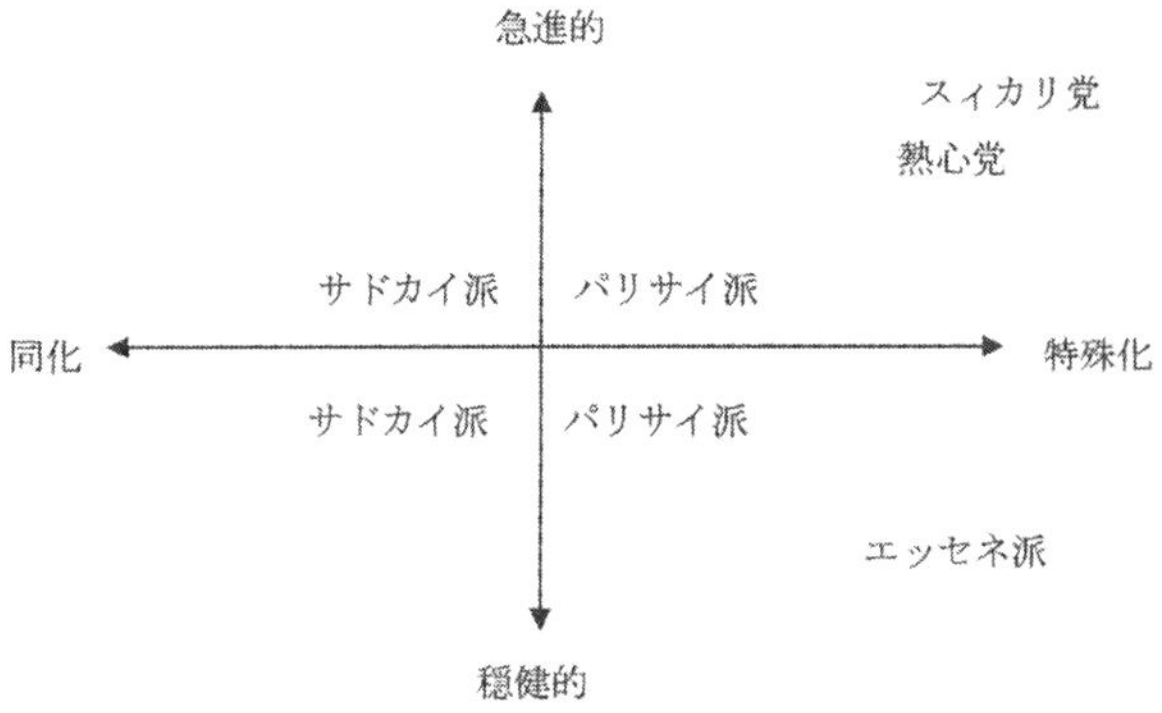

図55　イエス時代のユダヤ教セクトの比較

それでは、ユダヤ人キリスト教徒（敬虔派あるいはナザレ派）は、ローマ帝国に対してどのような態度をとったのであろうか。

彼らは、イエスの言葉「ユダヤにいる人たちは山へ逃げなさい」（マタイ福音書二四章一六節）を守って、第一次ユダヤ戦争（AD六六―七三年）にも第二次ユダヤ戦争（一三一―一三四年）にも参加しなかった。イエスがメシアだと彼らは信じていたから、これらの戦争がメシアの戦争とされていたのに反発したこともその背景にあった。その後、ローマ帝国の支配下に、キリスト教徒は厳しい迫害を受けるが、反乱を起こさずに実質的に宣教運動を展開した。国家権力に従い、平和を求め、宗教状況の改革運動に従事する――基本的に、聖書の教えに忠実であったことがわかる。その結果、福音はローマ帝国の下層社会から上層社会へと広がり、四世紀には、もはやキリスト教を認めざるを得なくなり、ローマ帝国の国教になるのであった。

教派と政治運動

キリスト者の政治に対する態度は、宗派と教派によって異なる。

カトリック教会ではローマ教皇の権威は俗権を優越する。東方正教会では、「ビザンチンハーモニー」と呼ばれ、教権と俗権が一つとなって国家を治める。

プロテスタント教会は教派により異なる。

古プロテスタント、すなわち宗教改革の第一世代の、政治や宣教に対する態度は以下のように分かれる。

- ルター派：『二王国論』のために政教分離の原則に立ち、基本的に政治運動に介入しない。
- カルヴァン派：「すべては神の栄光のために」理念により、政治の世界も神中心にしようと政治運動に積極的に参加する。宣教活動は消極的である。
- 洗礼派：「聖なる共同体」としての教会活動に積極的であり、政治運動と公的活動には消極的である。ただしカルヴァンの流れにある洗礼派は両者に積極的である。
- メソジスト派：社会活動、慈善活動や宣教活動に積極的に従事した。
- 敬虔主義：「聖なる共同体」としての教会活動に積極的であり、公職を優先し、政治活動には消極的である。
- クウェーカー：絶対的平和主義であり兵役を拒否する。

今日では、以上の古プロテスタントの特徴を保持しつつ、各教派、あるいは各教会の神学と歴史的経験により、また牧師のうけた神学教育によっても、政治に対する教会の態度は多様である。たとえば、アジア・太平洋戦争中に、国家から厳しい弾圧を受け犠牲者をも出したホーリネス教会は、今日も戦争責任と政教分離の追及に厳しい傾向にある。

悪しき支配者

それでは、悪しき支配者に対して、どのように対処すべきであろうか。宗教改革者カルヴァンは、『キリスト教綱要』において、以下のように述べている。

悪い支配者は、必ず神が取り除かれる。それには、モーセやオテニエルやその他のさばきつかさのように、神を信じる者の中から召された信仰的指導者によるパターンと、アッシリア帝国やメディナ帝国、ペルシャ帝国のような異教の民によるパターンとがある。いずれにせよ、悪い支配者は、神により覆されるのである。従って、人はまずそのことを神に祈らなければならないが、それまでは支配者に服従しなければならない。
「すなわち、放埓な支配に対する矯正は、主の与えたもう報復であるとしても、そのゆえをもって、われわれがただちに、自分にはそのつとめが命じられたと考えてはならないのである。われわれには、ただ、忍耐することのほか、何ごとも命じられていないのである」。（『キリスト教綱要』Ⅳ二〇章三二）

それでは、いかなる場合も、悪い支配者に服従しなければならないのであろうか。この問いについて、カルヴァンは答える。

「支配者への服従は、われわれを神……に対する服従から連れ去るものであってはならない」（同、二〇章三二）

悪い支配者が神に反する命令を与えるならば、それを決して認めてはならないのである。

以上のカルヴァンの主張は妥当であると言える。聖書の教えに基づき、国家権力に基本的に従い、反抗せずに平和を求めるが、状況が改善されることを祈る。そして、神から使命を与えられた信仰者が悪い支配者に対して活動する。

「あなたがたは、代価を払って買い取られたのです。人間の奴隷となってはいけません」

（第一コリント七章二三節）

結論

「あなたがたは地の塩です。もし塩が塩気をなくしたら、何によって塩気をつけるのでしょうか。……あなたがたは世の光です。……このように、あなたがたの光を人々の前で輝かせなさい。人々があなたがたの良い行いを見て、天におられるあなたがたの父をあがめるようになるためです」。

（マタイ福音書5章13―16節）

イエスの言葉に学び、以下の3点を、結論として勧めたい。

1　日本国憲法は欧米憲法に基づいている。欧米憲法は聖書を基礎にしている。従って、聖書の言葉と憲法が、政治問題に対する判断の基準になる。従って、国家が憲法に明らかに反する行為をする時には、キリスト者としてこれに反対しなければならない。

2　政教分離や信教の自由の問題に対しては、判例等を参考にして、慎重に日本の現状をも分析して、法に訴えるべきである。だが、優先すべきは宣教活動である。キリスト者が些細な神学問題で同じキリスト者を告訴したり、たとえ特定政治問題の訴訟に勝利したとしても、他者には無益で多くの者から偏狭な宗教者とみなされるのならば、あかしにはならない。その結果をも見据えて、「世の光として」宣教を第一にして、責任倫理的に告訴するかどうかを判断する。

3　すべてのキリスト教会が同じ政治的判断をするとは限らない。フランス革命においても、王党派にも革命派にもユグノー（フランスのカルヴァン派）はいて、それぞれ異なる活動をした。教派の多様性を踏まえて、独善的、排他的な政治運動にならないようにする。政治運動への参加は、基本的には個人の自由である。神の御前における良心によって、参加するかどうかを個人が判断するものである。決して強制されて参加するべきではない。

註

1　以下を参照。大西晴樹「キリスト教史学会はなぜヴェーバー「倫理」論文をとりあげるか」キリスト教史学会編『マックス・ヴェーバー「倫理」論文を読み解く』教文館、二〇一八年。

2　キリスト教史学会編『マックス・ヴェーバー「倫理」論文を読み解く』教文館　二〇一八年。

3　橋本努『解読　ウェーバー「プロテスタンティズムの倫理と資本主義の精神」』講談社、二〇一九年。

4　以下を参照。金井新二『ウェーバーの宗教理論』東京大学出版会、一九九一年。

5　『憲法判例百選Ⅰ』〔第六版〕有斐閣、四六頁。

終章　信仰と学問

信仰と学問について

第一に、信仰と学問とは矛盾しない。学問とは知識の合理化である。歴史的に見て、ルネサンス以来、近代科学はキリスト教文化圏より生まれた。特に宗教改革は合理化を推進して、近代的科学の進展を結果とした。神への信仰もまた合理的に神の導きを求めるいとなみである。

学問は、真理の存在を認めそれを探求するものであり、合理化作業であり、「魔術からの解放」により真理を求めるものである。信仰とは、創造主を認め創造主による真理の存在を前提とするものである。「近代地理学の父」であるカール・リッター（Carl Ritter, 一七七九－一八五九）は「神のみわざを自然の中において確かめたい」と思い学問の世界にはいったように。

第二に、信仰にもとづく学問を推し進める。「主を恐れることは知識の初めである」（箴言一章七節）にあるように、神への信仰が学問の前提にある。有神論にたつ学問そして法則の背後に創造者である神を認める。

学問において神の栄光を現すことを望む。

第三に、キリスト者は学問をおこなう資質を持っている。矢内原忠雄（一八九三―一九六一年）は「キリスト教は学問に従事する熱心と喜びと希望とを豊かに与えてくれる」と述べている。旧約聖書にも「知恵のある者が学ぶとき、その人は知識を得る」（箴言二十一章十一節）とある。神への信仰を持つ者は、神からの知恵を与えられて、学問に情熱を以てあたるようになる。だが、信仰により救われた者は、「罪を許された」罪人に過ぎない。「自分を知恵ある者と思うな」（箴言三章七節）とあるように、救いが完成していない今は、神のみ前に自分は弱い者だと自覚すること。自分を「知恵ある者」と思わずに、神からの知恵と知識を求めていくことが大切である。真の理解 understand は、神の下（under）に立つ（stand）こと、すなわち、神の御前に謙遜であることで得られる。謙遜であるとは、神の御前にありのままの自分、罪深き、弱い者として自分を自覚していることである。

学問を職業とする者の資質

学問を職業とする者には、どのような資質が必要であろうか。

ヴェーバーの著書『職業としての学問』のドイツ語原題は WISSENSCHAFT ALS BERUF である。Beruf だから『神からの使命としての学問』の方が、より正確である。だから、第一に、学問は「神からの召命、使命」であるとすることが、学問を職業とする者の基本的意識でなければならない。学問は真理を探究することである。それを、単なる興味や関心からだけではなくて、神からの使命だとする者は、困難な状況を克服することができる。

第二に、「いやしくも人間としての自覚ある者にとって、情熱なしになしうる全ては無価値である」とヴェーバーが述べたように、研究に対する情熱が学問を職業とする者の生きがいである。学者と言えば、冷静で静かに研究をしていると、一般的に思われているが、そうではない。ヴェーバーしかり、マルクスしかり。彼らの生涯を調べると実に情熱家であったことがわかる。ただし、情熱だけでは不十分である。情熱だけだと、しばし空回りに終わってしまい、何も残らない。

そこで、第三に、情熱の正反対である禁欲が重要になる。ここでいう「禁欲」とは、食欲を絶つ、性欲を絶つといった東洋的な禁欲ではない。ある目標を達成するために不必要なものを捨て去る禁欲のことである。換言すれば、生活の合理化、計画化、組織化のことである。情熱と禁欲がぶつかりエネルギーが発生する。そのエネルギーを研究目標の実現へと導くのである。目標達成に向けての禁欲・勤勉、すなわち、生活の合理化・計画化・組織化、「魔術からの解放」の生活をすることである。

「人、遠き慮りなければ、必ず近き憂いあり」『論語』

「相談して計画を整え、すぐれた指揮のもとに戦いを交えよ」（箴言二〇章十八節）、「勤勉な人の計画は利益をもたらす」（箴言二一章五節）と述べられている。

長期の人生計画、年間計画、週の計画、一日計画を立てて、無理のない充実した生活リズムをつくる。目標はできるだけ高く、計画は綿密に立てて、信仰により祈りつつ実行していく。

学問を職業とする者の外的状況

大学に就職するまでは厳しい状況にある。

今日の日本においては、三十歳以上になって常勤の研究職に就職するのが一般的である。ヴェーバーは「大学に職を奉ずるものの生活はすべて僥倖の支配下にある」、「これほど偶然によって左右される職歴はほかにないであろう」と述べたが、その通りである。「僥倖」とは「思いがけない幸せ、偶然の幸運」(『広辞苑』)。神を信じる者にとっては、「運(luck)」ではなく「恵み(grace)」すなわち、「神から一方的に与えられるすべての良きもの」である。救われた信仰者は、何度もこの体験をすることになる。それを信じて、今すべきことに力を向けることである。

研究者の結婚は早婚か晩婚になる。早婚の者は、育児と研究の両立に苦労する。また、経済的には、常勤職に就くまでは、家庭教師、塾や予備校教師、非常勤講師をしなければならない。

そういう中、何度も公募に挑戦していくこと。あきらめないで。私は「ダメでもともと」で挑戦したら、何度も、思わぬ道が開かれていった。

一旦大学に就職すれば、恵まれた状況が待っている。「好きなことを研究して給料がもらえる」ことになり、社会的地位も獲得し、経済的にも安定する。大学教授の業務は、研究と教育と行政だが、基本的には、研究のために自分の時間が多くもてる。大学に週に二、三日講義と演習指導をし、後の時間は、研究活動を主にして、その他、家庭と育児、教会活動、趣味活動をすることができる。実に恵まれた人生になる。

大学への就職

大学に就職するために、三つのことが大きく関わる。

「出版せよ、そうしないと破滅する（Publish or Perish）」——何よりも、専門領域に関する研究業績の分量と内容が、判断基準になる。博士号取得、学術書出版、学会研究論文掲載が重視される。そして、学問的業績はすべて点数化され、ある程度以下は足きりになる。一年に最低一本の論文は発表しておくこと、ブランクなく学術書か学会論文を発表していること、が採用条件になる場合もある。

「若いうちに勲章をもらっておけ」——まずは博士号の取得を目標にする。それも有力な大学の博士号が有利である。欧米の大学院でPh.Dを取得することも有利になる。長時間、研究に没頭できるのは、大学院生の特権である。大いに時間を活かして、論文作成と博士号取得に向けてほしい。

「二刀流で戦え」——大学専任教授職採用条件には、担当する教科が明記される。その半分は、一般教養科目である。したがって、特殊専門研究だけでなく一般的研究もして、即戦力となることが必要である。歴史研究者なら、「外国史概説」「西洋史概論」「世界史」等の一般歴史を教えることのできる長い刀と、「西洋史特論」「西洋史特殊事情」等を教える短刀を兼ね備えておくことである。

キリスト者の研究者

キリスト者の大学教員には以下の三点を希望する。

第一に　神の栄光をあらわす研究をしてほしい。

「すべての真実なこと、すべての誉れあること、すべての正しいこと、すべての清いこと、すべての愛すべきこと、すべての評判の良いこと、そのほか徳と言われること、称賛に値することがあるならば、そのようなことに目を留めなさい」（ピリピ四章八節）

自分の名誉ではなくて、神の栄光をあらわし、人々からの「称賛に値する」神をあかしするような研究をすることを目標にしてほしい。

第二に、学問の限界を知っておくこと。ヴェーバーが「学問上の達成は、つねに新しい問題提起を意味する」と述べているように、完璧な研究はありえない。学問は常に進歩していく。自分の研究成果もやがては乗り越えられていく。この事実を知って、謙遜になって研究してほしい。

第三に、批判者に対しては、「悪魔の策略には悪魔の武器を用い」とヴェーバーが述べたように、逃げずに対抗していく。批判者は必ずある。正当な学術的な批判者もあれば、嫉妬心から批判する者もいる。いづれにしても「悪魔の武器」である学術的な手段によって応答していく。ただし悪に対しては善をもって対処し、決して人格非難に陥らないように。

以上のことを踏まえて、学問界においておおいに貢献していってほしい。

最後に望むことは、専任教授に就いたら、ぜひとも学生と共に聖書を学ぶ会、聖書研究会を開いてほしいことである。そのためにも、神学校に行くかもしくは何らかの方法で、神学を学んでほしい。正しい神学をもち聖書を正しく解釈して学生に福音を伝えてほしいと願う。

あとがき

一九七八年、私が進学した東京外国語大学大学院には、山之内靖先生と長幸男先生という大塚久雄東大教授門下の経済学者がおられた。大塚久雄は日本にヴェーバーを紹介した第一世代の学者である。

修士二年の時、山之内先生の前期ゼミで初めて、マックス・ヴェーバーの代表的作品『プロテスタンティズムの倫理と資本主義の精神』を読んだ。私は、五月の連休に下宿に閉じこもり、この書のすべての内容をカードにまとめた。カードは七十六枚になった。この書に感激した。そこに、私がこれからやろうとしている研究の方法論を明らかに見出したからである。マルクス的な学問方法が、まだ支配的であった当時、経済的利害状況と宗教思想の二観点から、理念型を設定し、実証的に歴史を研究するヴェーバーの宗教社会学の方法。それを知り、歴史研究者として生きていく確信を与えられた。

「いやしくも人間としての自覚あるものにとって、情熱なしになしうるすべては、無価値だからである」(『職業としての学問』)

私の修士論文は、ヴェーバーの方法を用いて、帝政ロシアにおいて発生したユダヤ人に対する迫害運動（ポグロム）の背景を、経済的利害状況と宗教思想から究明するものであった。

大学院博士課程では、指導教官は阿部謹也先生（一橋大学）と金井新二先生（東京大学）であり、二人ともマックス・ヴェーバーも研究する学者であられた。

イスラエルと米国に留学した後、二九歳から大学で教え始めて、はや三七年が過ぎた。私は「右手に聖書、左手に『プロ倫』」をモットーにして、この年月を歩んだ。

『プロ倫』は愛知教育大学時代、私の西洋史ゼミの三年前期ゼミの教科書であった。分担を決めて学生がレジュメを作成して発表していく。それに私がコメントしていく。同大学に勤務した二十二年間のうち二十一年間は『プロ倫』講読をした。ゼミ生は果敢にヴェーバーに挑戦して見事に理解していった。

大学院では『プロ倫』と『職業としての学問』に加えて、『職業としての政治』、『支配の社会学』、『都市の類型学』、『古代ユダヤ教』、『儒教と道教』、『宗教社会学』、『音楽社会学』、『アジア宗教の基本的性格』、『アジア宗教の救済理論』、また、R・N・ベラーの『日本近代化と宗教倫理』を大学院生の専門領域に即して講読した。

昨年の二月以来、新型コロナウイルスが世界中で猛威を振るっている。日本でも瞬く間に広がり、政府は緊急事態宣言を全国に発令して、商店の閉店、さらに教育施設は長期間、休校になった。経済的には大きな損失が予想される事態となっている。危機的状況にある医療関係者や中小企業の方々に心から同情する。一方、この緊急事態の期間、大学人にとっては理想的な研究時間が確保された。バイクで五分のところにある「はなれの書斎」（勤務する中央学院大学の研究室）で、私は、思う存分研究に力を入れることが出来た。

大学の図書館も市内の図書館もしばらくの間閉鎖されて使用できなくなった。そこでアマゾンによってヴェーバー関連文献を求めることにした。おそらく大学図書館に行って一日かけて見つかるであろう文献も、アマゾンや出版社を通してすぐに、しかもかなり安く手に入った。十数冊の、過去から現在において出版されたヴェーバーに関する貴重な文献が、遅くても翌週には自宅に到着した。中央学院大学の研究費は十分あるので、これほど好都合なことは無かった。短期間で、先行研究を理解することができた。たしかに、試練の時はプロダクティヴである。

「われわれの学問領域でもっともよい問題やまたそれのもっともすぐれた解釈は、しろうとの思いつきに負うことが多い」（『職業としての学問』）

昨年の夏、金井先生の『ウェーバーの宗教理論』を読むと、綿密な論理展開により「救いの確証」だけでなく「神の栄光を現わす」ことも古プロテスタントにあったことが新たに提示されていた。その通りだ。感動し、それに気づかなかった自分の非力さを恥じた。

非力な「しろうと」であるが、今回もヴェーバーの言葉に励まされて、同時代史料である日本語文献に依存して、ヴェーバーの生涯と学問を信仰者の立場から、自分なりにまとめた。

現在、私は恵まれた研究環境の大学にあり、思い切り研究できる。今後も宗教史研究に従事したいと考えている。特に、賀川豊彦の神の国運動と無教会運動を比較して、戦争におけるキリスト教運動についての研究を、進めていきたいと思っている。

昨年（二〇二〇年）は、ヴェーバー没後百年にあたる。また、私が大学教員になって四〇年近くになる。光陰矢の如し。今後、「ひとりの研究者」としての自分の人生を客観的にふりかえり、自伝的学問論をも発表していく予定である。（次著『神からの使命としての学問』）

愛知教育大学聖書研究会会員であった榎本寛子さんと、ゼミ生白木歩澄さんの優れた内容分析を修正して資料にさせていただいた。心から感謝したい。

今回も出版のために祈ってくれた愛する家族と湖北パークサイドチャペルと前橋教会の方々に、またコロナによる困難な状況の中でも、出版を実現してくださったヨベル社長安田正人様に、私が苦手とする校正作業を助けてくださった石井正治郎様に心より感謝します。

「神のなさることは、すべて時にかなって美しい。神はまた、人の心に永遠を与えられた。しかし人は、神が行なうみわざの始まりから終わりまでを見極めることができない」（伝道者の書三章十一節）

二〇二一年三月二十日　長女愛恵《よしえ》と真未兄《まさみ》の結婚式の日に

黒川知文

・政治には、暴力によってのみ解決できるような課題がある		…暴力と言う政治の手段を用いなかった ・魂の救済を、政治という方法によって求めない

暴力的手段を用い、責任倫理という道を通っておこなわれる政治行為は、「魂の救済」を危うくする

⇔「魂の救済」が純粋な心情倫理によって信仰闘争の中で追求される場合、結果に対する責任が欠けており、また悪魔の力に気付いていないため、この目的そのものが傷つけられ、信用を失うことになるかもしれない

心情倫理と責任倫理は絶対的な対立ではなく、むしろ両々相俟《あいま》って「政治への天職」をもちうる真《エヒト》の人間をつくり出す

人間団体に、正当な暴力行使という特殊な手段が握られているという事実
⇒政治に関わる全ての倫理問題を特殊なものとする

⇩

政治をおこなおうとする者（特に職業としておこなおうとする者）は、倫理的パラドックスと、このパラドックスの圧力の下での自分自身に対する責任を、片時も忘れてはならない。

政治とは、情熱と判断力の二つを駆使しながら、
堅い板に力をこめてじわっじわっと穴をくり貫《ぬ》いていく作業である。

・自分が世間に対して捧げようとするものに比べて、
現実の世の中がどんなに愚かであり卑俗であっても、断じてくじけない人間。

・どんな事態に直面しても「それにもかかわらず《デンノッホ》！」と言い切る自信のある人間。

⇒そういう人間だけが政治への「天職《ベルーフ》」をもつ

…純粋な心情から発した行為の結果が悪ければ、その責任は行為者にではなく、世間（他人の愚かさやこういう人間を創った感じの意思）の方にあると考える。

→純粋な心情の炎を絶やさないようにすることにだけ「責任」を感じる

ii）「責任倫理的」に方向づけられている場合

…人間の平均的な欠陥を計算に入れるため、自分の行為の結果が前もって予見できた以上、責任を他人に転嫁することはできないと考える。

→結果はたしかに自分の行為の責任だ、と感じる

「善い」目的を達成するには、まずたいていは、道徳的にいかがわしい手段を用いなければならず、

悪い副作用の可能性や蓋然性を覚悟してかからなければならない。

⇒倫理的に善い目的は、

どんな時に、どの程度まで、倫理的に危険な手段と副作用を「正当化」できるか

※政治にとって決定的な手段＝暴力

→倫理的に見て、この手段と目的との間の緊張関係が重大な問題を孕《はら》んでいる

命題：善からは善のみ生まれ悪からは悪のみが生まれる

⇔どの宗教の発展も、この命題の逆が真実であるという事実に基づいている

…
- 全能であり慈悲深い力が、どうしてこのような不当な苦難、罰せられざる不正、救いようのない愚鈍に満ちた非合理なこの世を創り得たのか
- この力には全能と慈悲のどちらかが欠けているか、人生を支配するのはこれとは全く別の平衡の原理と応報の原理なのか

という、この世の非合理性の経験が、全ての宗教発展の原動力であった

・政治をおこなうもの …暴力の中に潜む悪魔と契約を結ぶ	⟺	・無差別の人間愛と慈悲の心に溢れた偉大な達人たち（キリストや仏陀など）

⇔「倫理」はこれについて苦慮する代わりに、政治的にも不毛な過去の責任問題の追及に明け暮れる

例）戦争の道義的埋葬

倫理と政治との関係は、本当はどうなっているのか

2つの主張…
- 倫理と政治との間にはまったく関係がない
- 政治行為には、他のすべての行為の場合と同じ倫理が妥当する

政治が権力（その背後には暴力がある）という極めて特殊な手段を用いられているという事実は、政治に対する倫理的欲求にとって、本当にどうでもよいことだろうか

→「剣をとる者は剣によって滅ぶ」（「マタイによる福音書」第26章）

〈山上の垂訓《ベルク・プレディヒト》〉＝福音の絶対倫理

「汝の有《も》てるものを（そっくりそのまま）与えよ」

…思うがままに止めて自由に乗り降りできるような辻馬車ではない。一切か無か。

⇔政治家「福音の掟は、それが万人のよくなしうるところでない以上、社会的には無意味な要求である。だから、万人に対する強制と秩序（課税、特別利得税、没収）が必要なのだ。」

「汝のもう一つの頬も向けよ！」

…他人に殴る権利があるのかは問わず、無条件に頬を向けることは、聖人でもない限り屈辱の倫理

→人は万事について、少なくとも志の上では、聖人でなければならない、という意味

⇒この掟を貫き得たとき、この倫理は意味あるものとなり、（屈辱ではなく）品位の表現となる

倫理的に方向づけられたすべての行為は、根本的に異なり対立した2つの準則の下に立つ

i）「心情倫理的」に方向づけられている場合

①情熱とは、「事柄《ザッヘ》」（「仕事」「問題」「対象」「現実」）への情熱的献身、
その事柄を司っている神ないしデーモンへの情熱的献身のこと。
⇔どんなに純粋に感じられた情熱でも、単なる情熱だけでは十分ではない
…「仕事」への奉仕として②責任性と結びついた時、はじめて
政治家を作り出す。
←そのためには③判断力が必要
…精神を集中して冷静さを失わず、現実をあるがままに受け止める能力、
事物と人間に対して距離を置いて見ることが必要

⇩

政治の領域における大罪…①仕事の本筋に即しない態度
②無責任な態度
↑
虚栄心（＝自分をできるだけ人目に立つように押し出したいという欲望）は、政治家をもっとも強く誘惑して、２つの大罪の一方または両方を侵させる
⇒政治家は、自分の内部にある、虚栄心を不断に克服していかなければならない

権力…一切の政治の不可避的手段・一切の政治の原動力
→純粋な権力崇拝（＝権力を笠に着た成り上がり者の大言壮語、権力におぼれたナルシズム）ほど、政治の力を堕落させ歪める
政治家が権力を求め、権力を行使するところの「事柄」がどういうものであるべきか　＝信仰の問題
政治家が奉仕する目標（例：社会的で倫理的なこと）には、なんらかの信仰がなければならない
←そうでないと、表面上どんなに輝かしい政治的成功も、被造物特有のむなしさという呪われた運命を免れない

政治は、人間生活の倫理的な営みの全体の中でどのような使命を果たすことができるのか
＝政治の倫理的故郷はどこにあるのか
政治家にとって大切なこと…将来と、将来に対する責任

※ドイツには、現在のところ（ii）しかなく、将来的にも国家レベルではこの現状の存続に有利

「職業」としての政治は、これから、外観上どのような形をとって運営されることになるのか、
政治的才能に恵まれた人間がどういう道を選べば、やり甲斐のある政治上の仕事に立ち向かうチャンスが開けてくるのか。
…いまのところ全く見通しが立っていない。
政治「によって」生きることを余儀なくされた人の場合の、コース選択の対象
- ジャーナリズムか政党職員のポスト（…典型的な直線コース）
- 労働組合、商業会議所、使用者団体といった利益代表のポスト
- 地方自治体の適当な地位

…これらの職業には、どんな場合でも重大な誘惑がつきまとい、また絶えず失望をなめさせられる
⇒これに対して精神的な防備のない人間、自分自身に向かって正しい答えの出せない人間は、こういう職業に手を出さぬがよい

このような職業はどんな内的な喜びを与えることができるか。
⇒権力感情《マハト・ゲフュール》
…形式的にはたいした地位にない職業政治家でも、自分はいま他人を動かしているのだという意識、
特に歴史的な重大事件の神経繊維の一本をこの手で握っているのだという感情によって、昂揚した気分になれる

一体どんな資質があれば、この権力にふさわしい人間に、また権力が自分に課する責任に耐えうる人間になれるのか　　…倫理的問題

政治家にとって重要な<u>３つの資質</u>
①情熱（Leidenschaft）
②責任感（Verantwortungsgefühl）
③判断力（Augenmaß）

（①情熱＋②責任感）← ③判断力
⇩
<u>政治家</u>

→名望家支配と代議士による操縦は終わり、院外の「本職」の政治家が経営を握るようになる

⇒「機械《マシーン》」の登場

…・候補者の選定は地方名望家ではなく、組織された党員の集会が候補者を選ぶ。

・このマシーンを操縦する人間が、現職議員に挑戦して、自分の意思をかなり大幅に押しつけることができる。　⇒時には議会を無視しても指導者になれる

人民投票的民主制の到来

⇒２つの構造形態へ

①指導者がいなくなり、巻き返しが起こる。仮に指導者がいても、党名望家の虚栄心や利益に対するいろいろな譲歩が避けられなくなる。

時として、マシーンが、その日常事務を握った党官僚の支配下に入る。

※党員は、政党の抽象的な綱領のためだけでなく、ある一人の人間のために心から献身的に働いているのという

満足感—指導者資質にみられる「カリスマ的」要素—を精神的動機としている

②官僚だけでなく「名望家」が党への影響力を握っているところ…指導者の台頭が難しい

（名望家たちは、小っぽけな役職に就くことに精神的な「生き甲斐」を感じており、新参者としてのデマゴーグに対する反感、政党政治の「経験」上の自信、党の伝統が崩れることへの不安があるから）

人民投票的指導者による政党政治は、追随者から「魂を奪い」、彼らのプロレタリア化を現実にもたらす

←指導者としての装置として役立つためには、追随者は盲目的に服従しなければならず、名望家の虚栄心や自説に固執して、故障を起こしたりしないマシーンでなければならないため

今後、選べる道は２つ

ｉ）「マシーン」を伴う指導者民主制《フューラー・デモクラティー》

ii）指導者なき民主制

＝天職を欠き、指導者の本質をなす内的・カリスマ的資質を持たぬ「職業政治家」の支配

（党内反対派の立場からよく「派閥」支配と呼ばれるもの）

職業政治家タイプとしてのジャーナリストには、これまで相当長い歴史があった
⇔次の政党職員という形態が出てきたのは、やっと数十年、一部ではここ数年来のこと

↓

政党職員の地位が歴史的のどのように進化してきたか

〈政党制度と政党組織の考察〉

＊貴族政党　－例えばイギリスの場合

…ある貴族が所属政党を替わるごとに、彼の世話になっている者全員が、それにならって反対党に移る。

大貴族、特に国王は、選挙法改正（1832年）まで、多数の選挙区における官職任命権を握っていた。

＊名望家政党

…市民階級の権力上昇につれて発達。インテリ層の精神的な指導下にあった名望家（＝「教養と財産をもった人々」）がいろいろな党派に分かれ、それぞれを指導した。

※国内に広く根を張った永続的団体としての政党はまだない。結束しているのは代議士だけ。

※政党は選挙のときだけの生命

↓　⇐　地方間の選挙協定の可能性、全国統一的な綱領と宣伝活動《アジテーション》の効力
→代議士の関心

政党の組織強化…政党の地方支部のネットワークが中都市へ
⇔名望家団体という党機構の性格は原則的にそのまま

例）有給の職員はまだ本部にしかおらず、地方支部を指揮するのは「名士」

…本職の政治家は数少なく、主力は選出議員、少数の本部職員とジャーナリスト

［⇔政治運営に対して利害関心をもつ人の数は非常に多かった
←代議士がそれぞれ官職任命権《アムツ・パトローネジ》をもち、自分の選挙区に各種の恩顧《パトローネジ》を施し、他方今後の再選のことを考えて、地元名望家との接触も忘れなかったため］

⇕　鋭い対象をなす

＊最も近代的な政党組織

…民主制、普通選挙制、大衆獲得と大衆組織の必要、指導における最高度の統一性ときわめて厳しい党規律の発達から生み出された、最も近代的な政党組織

人で負うところにあり、この責任を拒否したり転嫁したりすることはできないし、許されない	に固執する場合、それを、命令者の責任において誠実かつ正確に、執行できることが名誉である

→官吏として倫理的にきわめて優れた人間は、政治家に向かない人間、とくに政治的な意味で無責任な人間である。

⇒こうした人間が指導的地位にいていつまでも後を絶たないという状況＝「官僚政治」

（『残念ながらわがドイツのように…』）

〈ジャーナリスト〉

ジャーナリスト…固定した社会階層の区分けに入らない

→ジャーナリストに必要な「才能《ガイスト》」や責任感、慎重さは、世間に分かってもらえない

⇩

ジャーナリストという職業の政治的運命と、
政治的指導者の地位につけるチャンスがジャーナリストにどれだけあるか。

ジャーナリストのキャリアは、職業的な政治活動にいたる最も重要なコースの一つであるが、それは万人向きのコースではない。

←・ジャーナリズム経営がおそろしく緊張と繁忙であったため、ジャーナリスト（特に財産をもたないために職業に縛り付けられた者）は、急速に「余裕がなく」なっていった。

・ジャーナリストの生活は冒険そのもので、しかも特殊な条件の下で内的確信をテストされる。

例）・世間の有力者のサロンで、一見対等に、しばしば皆からちやほやされて交際し、自分がドアの外に出た途端におそらく主人はお客の前で「新聞ゴロ」との交際について弁解これ努めるに違いない、と分かっていながら連中と付き合うということ。

・「市場」の需要があればどんなことでも、即座に納得のゆく意見を述べ、しかもその際、浅薄に流れず、品位のない自己暴露にも、それに伴う無慈悲な結果にも陥らないということ。

②文人《リテラーテン》（読書人）

・中国の全運命は中国の古典を中心に発達した慣習を身に付けたこの階層によって決定された。

・西洋では、中国のような立身出世のチャンスがなく、政治的影響はそれほど深くなかった。

③宮廷貴族《ホーフアーデル》

・君主は貴族の身分的・政治的な権力の剥奪にいったん成功するや、貴族を宮廷に召し抱え、政治・外交上の仕事に当たらせた。

④都市貴族《パトリツィアート》（「貴紳《ジェントリー》」）

・自らの社会勢力を伸ばすため地方行政の官職を無償で引き受けたジェントリーは、結局その全てを独占し、全ヨーロッパ大陸国家の運命となった官僚制化からイギリスを守った。

⑤法律家《ユリステン》

・ローマ後期の官僚国家の手で修正されたローマ法が後世に及ぼした影響が圧倒的に大きかった。

・合理的国家への発展という意味における政治経営の革命化の担い手がどこでも学識ある法律家であった。

・独立の身分としての弁護士は、西洋にしかないもので、中世以来の訴訟の合理化の影響下で発達したゲルマンの形式主義的な訴訟手続きにおける「代弁人」から成長したもの。

※政党による政治の運営とは、利害関係者が政治を運営するということ。
そして事件《ザッヘ》を利害関係者に有利なように処理することこそ、まさにベテラン弁護士の腕。

〈政治指導者と官吏の違い〉

政治指導者	官吏
党派性、闘争、激情（＝憤りと偏見）は政治家の、特に政治指導者の本領《エレメント》である	「行政」を非党派的になすべき＝「憤りも偏見もなく」職務を執行する
政治指導者（＝国政指導者）の名誉は、自分の行為の責任を自分一	官吏は、自分の上級官庁が、自分には間違っていると思われる命令

えられ、高度の精神労働者になった近代的な官吏は、みずからの廉直の証しとして培われた高い身分的な誇りをもっている

［もしこの誇りがなかったら、恐るべき腐敗と鼻もちならぬ俗物根性によって、国家機構の純技術的な能率性までが脅かされることになる］

⇩

君主の親政は徐々に後退し、専門官吏中心の支配が始まった

〈「指導型の政治家」の登場〉

立憲制の発達以後、

一人の政治指導者が、内政を含む一切の政治を形の上で統一的に指導することが必要となった

⇒専門官僚と君主親政との間の潜在的な闘争はいたるところで行われた

↓

このような状況は、議会と政党指導者の権力への野望に直面してはじめて変わってきた

①王宮が終始実権を握り続けてきたところ（ドイツなど）

…君主の利害と官僚の利害が集まって同じ方向にはたらき、議会とその権力要求に一致して対抗

⇒統一的に指導する官僚大臣が誕生

②議会の権力が国王を凌駕したところ（イギリスなど）

…議会権力の強化という形で、政治指導の統一化の方向がより強く現れた

⇒議会を代表する最高指導者を頂点とする「内閣」が発達

※このイギリスのシステムは、議院内閣制という形で大陸で採用された

〈職業政治家（「指導者」とその部下の双方を含む）の典型的特徴〉

①聖職者《クレリカー》

- 読み書きができることから、司教や司祭が政治上の顧問として利用された。
- 封建時代の封臣と違い、ノーマルな政治・経済上の利害関係の圏外に立ち、子孫のために、君主に対抗して自らの政治権力を求めるという誘惑に陥ることがなかった。

↓　　　　　　　　　　　　　そうでない者＝職業としての政治「のために」生きる者（①）

ひとが経済的な意味で政治「のために」生きることができるためには、今の私有財産制度の支配下では、以下の２つが条件となる。

- 当人が政治から得られる収入に経済的に依存しないで済むこと
- 経済的に「余裕のある《アプケムリヒ》」こと

＝収入を得るために、自分の労働力や思考の全部か大部分を、絶えず働かせなくてもすむこと

⇒利子《レンテ》生活者、つまり純然たる不労所得者

・国家や政党の指導が、政治「によって」ではなく、政治「のために」生きる人たちで行われる場合、

政治指導者層の人的補充は「金権制的《プルトクラーティシュ》」におこなわれる。

また、自分の生活の経済的「安全」に対する配慮が、生活全体の方向を決める主眼点となっている。

・政治における一途で無条件的な理想主義は、無資産のゆえにその社会の経済秩序の維持の外に立った階層に、主としてみられる。

⇩

政治関係者（＝指導者とその部下）が、金権制的でない方法で補充されるためには、

政治の仕事に携わることによってその人に定期的かつ確実な収入が得られるという、自明の前提が必要

政治が無産者にもできるためには、そこから報酬の得られることが必要

↓

官吏制度の普及によって、生活の点でとくに安定したポストとして、官職への就職希望者が増えてくる→政党は党員にとって、生計を立てるという目的のための手段にますますなってくる

〈近代的な官吏制度の発達〉…専門訓練をうけた官吏団の台頭

- 戦争技術の発達→専門の将校
- 訴訟手続きの整備→専門の法律家　を生み出した

→長期間にわたる準備教育によってエキスパートとして専門的に鍛

具、兵器の私的な持ち主ではなくなる
→今日の「国家」では、行政スタッフの物的行政手段からの「分離」が完全に貫かれている
→指導者は、簒奪《さんだつ》や選挙という方法で政治上の人的スタッフと物的装置に対する支配権を手に入れ、自らの正当性を被治者の意思に求めている

⇩

近代国家とは、
ある領域の内部で、支配手段としての正当な物理的暴力行使の独占に成功したアンシュタルト的な支配団体である

※アンシュタルトとは？

①所属者の意思表示と無関係に、純粋に客観的な事実に基づいて、それへの参加ないし所属が義務づけられている

②そこでの人間関係と人々の行為は合理的に制定された法秩序によって律せられ、かつその法秩序の遵守が強制装置（機関）によって（実効的に）担保されている

という２つの特徴を持つ人間団体

この政治的収奪過程の中で、第二の意味での「職業政治家」が登場
…・彼らは、自分から進んで支配者になろうとはせず、政治支配者に奉仕した「職業政治家」である。
・彼らはこの収奪をめぐる闘いの中で君主の手足となって働き、君主の政策を行うことによって、一方で物質的な生計を立て、他方で精神的な内実を得た。
・彼らが君主の最も重要な権力機関であり、政治的収奪の機関であった。

「職業政治家」の存在がどういう事態を意味するか
「本職」の政治家はどんな状態にあったか

〈政治を職業とする〉
　├→①政治「のために」(für) 生きる
　└→②政治「によって」(von) 生きる

①と②の区別は、実質的・経済的な側面に関係している
…政治を恒常的な収入源にしようとする者＝職業としての政治「によって」生きる者 (②)

③「合法性」による支配

例）近代的な「国家公務員」や、その点で類似した権力の担い手たちのおこなう支配

※②の型

…「天職《ベルーフ》」という考え方が最も鮮明な形で根を下ろしている

「カリスマ」＝その個人が、内面的な意味で人々の指導者たる「天職を与えられている」と考えられ、人々が習俗や法規によってではなく、指導者個人に対する信仰の故に、これに服従するという意味

指導者個人は、自分の仕事《ザッヘ》に行き、「自分の偉業をめざす」

⇕

彼（指導者）に従うもの（弟子・子分・まったく個人的なシンパ）の帰依の対象は、

彼の人柄《ペルゾーン》であり、その人の資質に向けられている

指導者…（言葉の最も本来的な意味での）「天職」に基づいた政治家

⇔現実における政治権力闘争は、彼らの力だけで推進できるものではない

⇒重要なのは、彼らの手足となって働く補助手段

政治的支配権力はどのようにして自己の支配権を主張し始めるのか。

※継続的な行政をおこなうために支配機構に必要な条件

①人的な行政スタッフ　②物的な行政手段

〈国家秩序の分類〉…以下の２つに分類できる

ｉ）権力者に服従する行政スタッフが行政手段を自分で所有するという原則の上に立っている

＝「身分制的」に編成された団体　例）封建制下の封臣

・権力者が行政を自分の管轄下におき、個人的な使用人や任用官吏、個人的な寵臣や腹心を使って統治している

ii）行政スタッフが行政手段から切り離されている

＝君主の直轄支配　例）家父長支配、官僚制国家秩序（…近代国家の特徴）

近代国家（iiの型）の発展

→近代国家では、政治運営の全手段をうごかす力が事実上単一の頂点に集まり、どんな官吏も自分の支出する金銭、自分の使用する建物・道

資料4　『職業としての政治』の内容分析

政治《ポリティーク》とは何か。

…自主的におこなわれる指導行為なら、すべてその中に含まれる（広義）

例）銀行の為替政策、都市や農村の教育政策、ある団体の理事会の指導政策、利口な細君の亭主操作政策

今回の考察での政治とは、

政治団体—現在でいえば国家—の指導、またはその指導に影響を与えようとする行為

社会学的にみた場合の「政治」団体＝「国家」とは何か。

国家を含めたすべての政治団体に固有な・特殊の手段＝物理的暴力の行使

→国家とは、

ある一定の領域の内部で正当な物理的暴力行使の独占を（実効的に）要求する人間共同体である。

⇩

国家は、正当な暴力行使という手段に支えられた、人間の人間に対する支配関係である。

⇒国家が存続するためには、被治者がその時の支配者の主張する権威に服従することが必要である。

↓

被治者は、どんな場合にどんな理由で服従するのか。

この支配はどのような内的な正当化の根拠と外的な手段とに支えられているのか。

〈支配の内的な正当化＝正当性　の根拠〉…以下の3つの「純粋」型につき当たる

①「永遠の過去」がもっている権威

例）古い型の家父長や家産領主のおこなった「伝統的支配」

②ある個人にそなわった非日常的な天与の資質（カリスマ）がもっている権威

例）預言者、（政治の領域における）選挙武侯、人民投票的支配者、偉大なデマゴーグや政党指導者のおこなう支配

いたずらに待ち焦がれているだけではなにごともなされないという教訓を引き出そう
そしてこうした態度を改めて、自分の仕事に就き、そして「日々の要求」に従おう

れないようなときも、
　学生は教師をその代わりとしてはならない

【神学】
「神学」というものが存在するという事実を、またそれが「学問」であろうとする要求をもつことを、どう考えるべきなのか
⇒あらゆる神学は、宗教的な救いの主知的合理化にほかならない

いかなる学問も絶対に無前提的ではなく、
その前提を拒否するものにたいして自己の基本的価値を証拠立てることはできない

神学は自己の仕事のために（→事故の存在理由を証拠立てるために）、
さらに2、3の特殊な前提を所有するのを常とする
　…・世界は何らかの意味をもっているに違いない、という前提
　　・一定の「啓示」が救いのための重要な事実として端的に信じられるべきであること、
　　特定の精神状態や行為が神聖とされる権利を有すること、
　　それが宗教上意義ある生活とその諸要素を形成すること、などの前提

「知性の犠牲」：「不合理なるがゆえにわれは信ず」（アウグスティヌス）
　　　　　　　既成宗教の決定的な特徴
我々の時代の宿命：あたらしい予言が生まれたためしはない
　　　　　　　究極かつもっとも崇高な価値は消え去っている
　これは、我々の時代、この合理化と主知化、魔法からの世界解放を特徴とする時代の宿命である
　すべきことは、ただ素直に、またかざり気なく昔からの教会の広く温かくひろげられた腕の中に戻る
　　　　　　　＝**宗教上の無条件の献身**をする
新しい予言者や救世主を待ちこがれている多くの人はユダヤ民族の恐るべき運命を知る

┌ 明確さということのためになしうる学問の最後の寄与に到達する
┤
└ これが学問のなしうることの限界ともなる

⇩

教師が学生に言明しうるし、しなくてはならないこと

…これこれの実際上の立場は、これこれの究極の世界観上の根本態度から内的整合性をもって、

したがってまた自己欺瞞なしに、その本来の意味をたどって導き出されるのであって、

けっして他のこれこれの根本態度からは導き出されないということ

教師は任務をわきまえている限り、

各人に対して彼自身の行為の究極の意味についてみずから責任を負うことを強いることができる、

あるいは少なくとも各人にそれができるようにしてやることができる

〈根本の事実〉

…われわれの生活の究極の拠りどころとなりうべき立場は、

こんにち全て互いに調停しがたくまた解決しがたくあい争っている

→われわれは当然これらの立場のいずれかを選定すべく余儀なくされている

学問がだれかの「天職」となる価値があるかどうかということ、

また学問それ自身がなにかある客観的に価値ある「職分」をもつかどうかということ、

これらはひとつの価値判断であって、この点については教室ではなにごとも発言しえない

↑

教えるものの立場にとっては、この点を肯定することがその前提だから

学問…専門的に従事されるべき「職業」として諸々の事実的関連の自覚および認識を役目とするものであり、

救いや刑事をもたらす占術者や予言者の贈り物や世界の意味に関する賢人や哲学者の瞑想の産物ではない

⇒予言や救世主がおらず、あるいはいてもそのお告げがまったく信じら

教室ではこのどちらもが同様に取り扱われてはならない
⇒学問の仕事は、事実そのものには無関心でただなにか実践的に立場をとることだけが大切な人にとっては、まったく意味のないものなのであろうか
⇒そうではない
↑
「徳育上の功績」
弟子たちが都合の悪い事実（例えば自分の党派的意見にとって都合の悪い事実）を承認すること、
そして誰にでもその党派的意見にとってはなはだ都合の悪い事実というものがあることを教え、習慣をつけさせること
⇩
教えることと指導することは別の事柄である
こんにちの学生のなかには、講義者に指導者としての性質を求めるものもいる
⇔・教師はおよそいかなる人生問題についても「指導者」であることを許されていない
・人間の価値は指導者としての性質をもつかどうかで決まるわけではなく、
また、実際生活上（特に政治上）の指導者の性質と偉い学者や大学教授の性質は違う
＋さらに憂慮すべきは、教室で指導者ぶることが一般に大学教授に放任されている場合
⇩
学問はいったい個々人の実際生活に対してどのような積極的寄与をもたらすであろうか
⇒①技術、つまり実際生活においてどうすれば外界の事物や他人の行為を予想によって支配できるか、についての知識
②物事の考え方、及びそのための用具と訓練
③明確さ
学生がある選択にせまられた時、教師は選択の必然性を教えることができる
⇔教師であって煽動家ではないため、それ以上のことを教えることはできない
↓

⇔②そもそもそれが技術的に支配されるべきかどうか、そのことを我々が欲するかどうか、
またそうすることが何か特別の意義をもつかどうかということについては、なんらの解決をも与えず、むしろこれをその当然の前提とする。

Ex2. 美学

①芸術品が存在するという事実を前提とし、どのような条件のもとで芸術品が成り立つかを解明しようとする

⇔②芸術品が存在すべきかということは問題としない

Ex3. 法律学

①ある規定やその解釈上の方法がいかなる場合に有効と認められるかを確定する

⇔②法律はつくられるべきであるかどうかとか、これこれの規定は制定されるべきであるかどうかというような問いに対しては、何事も答えない

Ex4. 歴史的文化科学

①文化現象（例えば政治上、芸術上、文学上、社会上のそれ）を、その発生の諸条件と結びつけて理解することを教える

⇔②これらの文化現象がその存在に値していたか、また、いるか、という問いや、これらの文化現象を知ることがその努力に値するか、という問いに対しても、何らの答えをも与えない

※）社会学、史学、経済学、国家学、文化哲学

大学で教鞭をとるものに求め得るもの…知的廉直

＝
- ・事実の確定、つまり諸々の文化財の数学的あるいは論理的な関係およびそれらの内部構造のいかんに関する事実の確定ということ
- ・他方では文化一般および個々の文化的内容の価値いかんの問題および文化共同社会や政治的団体のなかでは人はいかに行為すべきかの問題に答えること

この２つのことが全く異質的な事柄であるということをよくわきまえていること

↑

予言者や煽動者は教室の演壇に立つべき人ではないため、

〈学問の意義に関する諸見解〉

「真の実在への道」

・むかしの考え方

学問のみが幻影ならぬ真の実在をとらえる

Ex）プラトンの『ポリティア』第七巻

・いまの考え方

実生活のなかには、真の実在が脈打っている。

これ以外のものは、みなこれから派生したものか、たんなる幻影にすぎない。

「真の芸術への道」

「真の自然への道」

「真の神への道」

「真の幸福への道」

⇒すべてかつての幻影として滅び去ったこんにち、学問の職分とはいったいなにを意味するであろうか

〈「前提」〉

「前提」の意味

①論理や方法論上の諸規則の妥当性（＝われわれが世界について知る上の一般的諸原則がもつ妥当性)、

という前提　→当面の問題にとっては、問題にはならない

②学問的研究から出てくる結果がなにか「知るに値する」という意味で重要な事柄である、

という前提　→われわれの全問題が潜んでいる

・ある研究の成果が重要であるかどうかは、学問上の手段によっては論証しえない

・人々が各自その生活上の究極の立場からその研究の成果が持つ究極の意味を拒否するか、

あるいは承認するかによって、解釈されうるだけ

Ex1. 自然科学

①もし人生を技術的に支配したいと思うならば我々はどうすべきであるか、という問いに答えてくれる

⇒・学問の意義はどこにあるのか
　・事実上終りというものをもたず、またもつことのできないような事柄に、人なぜ従事するのか

学問の進歩
…元来、人類が何千年来それに従ってきた合理化の過程の一部、それのもっとも主要なる部分
⇔こんにちでは、一般に人々のこれに対する態度は著しく否定的
⇩
この学問および学問に裏付けされた技術による主知主義的合理化が、実際にはどのようなことを意味するかを明らかにしよう

主知化し合理化しているということは、
それだけたくさん自分の生活条件に関する一般的知識をもっているということではない

⇕
Ex）われわれは一般に、電車に乗った場合その動くわけを知らないし、知らなくてもすむ。
それに対し未開人は、使用する道具についてよく知っている。

それを欲しさえすれば、どんなことでも常に学び知ることができるということ、
したがってそこにはなにか神秘的な、予測しえない力が働いている道理がないということ、
むしろすべての事柄は原則予測によって意のままになるということ、
――このことを知っている、あるいは信じているというのが、
主知化し合理化しているということの意味
⇒魔法からの世界解放《エントツアウベルンク・デア・ウエルト》
…こんにち、われわれはもはや呪術に訴えて聖霊を鎮めたり、祈ったりする必要はない
技術と予測がそのかわりをつとめる　＝合理化の意味
⇩
「進歩」（魔法からの解放過程＝学問が肢体ともなり原動力ともなっているもの）はそれ自身はっきりとした、技術上の意味以上の意味をもつものであろうか
⇒これによって進歩に対する奉仕はひとつの職業を有意義ならしめるであろうか
＝人間生活一般に対する学問の職分はなんであり、またその価値はどこにあるのかという問題

〈「個性《ペルゼンリヒカイト》」と「体験」〉

個性は体験からなり体験は個性に属し、このふたつは互いに密接に結び付く

近頃の若い人たちは苦心して「体験」を得ようとつとめる

↑

それが個性を持つ人にふさわしい行動だから

学問の領域で「個性」をもつのは、その個性ではなくて、その仕事《ザッヘ》に仕える人のみである

自己を滅して専念すべき仕事を、逆になにか自分の名を売るための手段のように考え、自分がどんな人間であるかを「体験」で示してやろうと思っているような人（＝どうだ俺はただの「専門家」じゃないだろうとか、どうだ俺の言ったようなことはまだ誰も言わないだろうとか、そういうことばかり考えている人）は、学問の世界ではなんら「個性」のある人ではない。彼らはその結果いたずらに自己の名を落とすのみであり、なんら大局には関係しない

⇔**自己を滅しておのれの課題に専念する人こそ、かえってその仕事の価値の増大とともにその名を高める結果となる**

※学問の領域に限ったことではなく、芸術家の場合も同様である

〈進歩〉

学問の場合、自分の仕事が50年たつうちにいつか時代遅れになるであろうということは、だれもが知っている

＝学問上の仕事に共通の運命 ⇔まさにここにこそ学問的業績の意義は存在する	たんにわれわれの共通の運命ではなく 実にわれわれに共通の目的である

↑

・学問上の「達成」は常に新しい「問題提出」を意味する

・それは他の仕事によって「打ち破られ」、時代遅れとなることをみずから欲する

学問に生きるものは、後代の人々がわれわれよりも高い段階に到達することを期待しないでは仕事をすることができない

〈思いつきとは〉

・無理に得ようとしてもだめなもの
　たんなる機械的な計算などとはおよそ縁遠い
　⇔たんなる計算といえども、よい思いつきを得るために欠きえない一手段にはなる
・人が精出して仕事をしているときにかぎってあらわれる
・**素人の思いつきは、専門家のそれにくらべて優るとも劣らぬことが多い（素人はこれときまった作業方法を欠くため、与えられた思いつきについてその効果を判定し、評価し、かつこれを実現する能力をもたないということだけである）**

・思いつきは作業の役をつとめるわけにはいかない
・作業が思いつきの代わりをしたり、これを強いたりすることも不可能
・情熱だけで思いつきを生み出すこともできない

作業と情熱とが（そして特にこの両者が合体することによって）思いつきを誘い出す

思いつきは、人が机に向かって穿鑿《せんさく》や探求に余念ないようなときにではなく、むしろ人がそれを期待していないようなときに、突如としてあらわれる
Ex. ダラダラ登りの道を散歩しているとき
⇔穿鑿《せんさく》や探求を怠っているときや、なにか熱中する問題をもっていないようなときにも、思いつきは出てこない

こうした「霊感」が与えられるか否か ＝ 運次第の事柄
⇒学問に生きる者は、この点でも僥倖の支配に甘んじねばならぬ
　※学者はそれ以外の職業の生活にくらべいっそう霊感を必要とするものと想像することも、学者の生活では芸術家の生活でのように霊感を必要としないと考えることも、間違いである
学問上の霊感が与えられるかどうか…潜在的な宿命・「天賦」のいかんによっても違う

【学問を職業とする者の心構え】
学問はいまやかつて見られなかったほどの専門化の過程に差しかかっており、この傾向は今後もずっとつづくであろうという事実
⇒隣接領域の縄張りを侵すような仕事には、一種のあきらめが必要である
Ex. ある領域の専門家に対して、その専門家的見地からは容易に気付かれぬような有益な問題提出を行うことがあったとしても、いざこの問題を自分の仕事としてやってみたとき、その結果はきまって不完全きわまるものに終わらざるをえない

↓

なにか実際に学問上の仕事を完成したという誇りは、自己の専門に閉じこもることによってのみ得られる
(＝学問に生きるものは、ひとり自己の専門に閉じこもることによってのみ、自分はここに後々まで残るような仕事を達成したという、おそらく生涯に二度とは味わえぬであろう深い喜びを感じることができる)

⇩

あまり類のない、第三者にはおよそ馬鹿げて見える三昧境、情熱、なにごとも忘れてその解釈を得ることに熱中するといった心構えのない人は、学問には向いていない

↑

いやしくも人間としての自覚あるものにとって、情熱なしになしうるすべては、無価値だからである

情熱は「霊感」を生みだす地盤である
＝学者にとって決定的なもの
⇔近頃の若い人たちは、
・学問がまるで実験室か統計作成室で取り扱う計算問題になってしまったかのように考える
・学問はもはや「全心」を傾ける必要はなく、たんに機械的に頭を働かすだけでやっていけるものになってしまったかのように考える
実験室でも工場でも、なにか有意義な結果を出すためには、いつもある(しかもその場に適した)思いつきを必要とする

ほかはなく、偶然の支配下にある。

〈人選に才能ではなく僥倖が大きな役割を演じること〉
…多くの人々、特に多くの団体が協力する場合に共通の社会法則のしからしめるところ
Ex. 法王選挙やアメリカの大統領選挙において、第二ないし第三候補の人が当選する
この種の法則は大学の職員の場合にも当てはまる
⇒驚くべきは、番狂わせが起こることよりもむしろ、このようにして選ばれているにもかかわらず、いつも適任者が任命されることのほうが多いということ

大学の教員の就任のとき
…多くの場合、選択の公平を期そうとする善意思がはたらいている
⇒大学教師の運命を決するものが大部分「僥倖」であるということは、たんに集団意思にもとづく人選の欠陥だけからくるのではなく、さらに他の理由が明らかにされる必要がある
〈学問を天職と考える人の使命〉
①学者としての資格をもつこと
②教師としての資格をもつこと
〈聴講者の数〉
聴講者の数は数字的にはっきりした目安になるのに対し、学者としての性質は測りえない
⇔ある人が教師として優れているかどうかは、学生の出席数によって決まる
※問題は、ある教師のところへ聴講者が集まる原因が、多くの場合、その人の気質や声の調子といった、外面的事柄にある
※学問上の諸問題を、頭はあるが未教育の人々に理解させ、かつこれらの問題をみずから考えて解説するという、教育上もっとも困難な課題が果たされているかどうかは、聴講者の数によって決まるわけではない
⇒・大学は研究ならびに教授という二つの課題を等しく尊重すべきである
・これら二つの才能を兼ねそなえた学者の出現は、全くの偶然に待つほかはない
⇩
大学に職を奉ずるものの生活はすべて僥倖の支配下にある

資料３　『職業としての学問』の内容分析

【職業としての学問の外面的事情】

経済的意味の職業（＝生計の資を得る道としての学問）は今いかなる状況にあるか

⇒実際問題

　大学卒業後、大学に残って職業的に学問に専念しようとする人々は、現在どのような事情のもとにおかれているか

〈ドイツ〉…金権主義的前提

「私講師」

・大学に就職し、無給（学生からの聴講料のみ）で講義を行う

・解雇されることはない

・少ししか講義をもたせられない

※研究所助手はアメリカ的傾向

⇔

〈アメリカ〉…官僚主義的組織

「助手《アシスタント》」

・有給（少額）で、安定した地位

・教室が「大入り」でなければ解雇しうるという規則がある

・大学の仕事（講義）に追われている

⇩

いまや、ドイツの大学生活は著しくアメリカナイズしつつある

　ドイツの医学や自然科学系統の研究所の大きなもの…「国家資本主義的」事業

「労働者の生産手段からの分離」

　労働者（研究所助手）は国家から貸し与えられた労働手段に全く依存しなければならない

　→ドイツの研究所助手は、アメリカの大学助手のように、不安定な立場に置かれる

この変化は技術的意味の進歩である

（資本主義的かつ官僚主義的な経営について一般的に言える）

⇔こうした経営方針をとる大学の「精神」は、ドイツの大学の伝統的気風とはおよそ異なるものである

〈こんにちのドイツの大学や研究所〉

・かつての職員の編成は、外面的にも内面的にも名ばかりのものとなった

・職員の昇進に関しては、従来通り（むしろそれ以上）で、僥倖《ぎょうこう》を待つ

価値自由

ただし、ここまでくると、われわれは価値判断や信仰判断の領域に入り込むことになる

今後の研究課題

①禁欲的合理主義の意義を、私的集会から国家にいたるまでの社会的集団の組織と機能のあり方について明らかにしていく

②禁欲的合理主義の人文主義的合理主義とその生活理想や文化的影響に対する関係、さらには哲学上並びに科学上の経験論の発展や技術の発展に対する、また精神的文化諸財に対する関係を分析する

③中世における世俗内的禁欲の萌芽から発した禁欲的合理主義の歴史的生成とその純粋な功利主義への解体のあとが、歴史的に、しかも禁欲的宗教的意識の個々の伝播地域に即して究明する

研究目標

こうして、はじめて、近代文化の創出にあずかった他の諸要素との関連で、禁欲的プロテスタンティズムのもつ文化的意義の度合いを明らかにすることができる

研究方法：唯物論との共同作業

一面的な「唯物論的」歴史観にかえて、これまた同じく一面的な、文化と歴史の唯心論的な因果的説明を定立するつもりなど、私にはもちろんない研究の準備作業として、両者とも等しく可能である

ピュウリタンは天職人たらんと欲した－われわれは天職人たらざるをえない

←┌・禁欲は修道士の小部屋から職業生活のただ中に移されて、世俗内的禁欲を支配

・非有機的・機械的生産の技術的・経済的条件に結びつけられた近代的経済秩序のあの強力な秩序界《コスモス》を作り上げるのに力を貸すことになった

⇒禁欲が世俗を改造し、世俗の内部で成果をあげようと試みているうちに、世俗の外物は強力になって、ついには逃れえない力を人間の上に振るうようになった

今日（20世紀初頭）の状況

・今日では、禁欲の精神は、……この鉄の檻（機械的生産条件に結び付けられた近代的経済秩序・資本主義体制）から抜け出てしまった。ともかく勝利を遂げた資本主義は、機械の基礎の上に立って以来、この支柱（禁欲の精神）をもう必要としない

・「天職義務」の思想は、かつての宗教的信仰の亡霊として、われわれの生活の中を徘徊している

・アメリカ合衆国では、営利活動は宗教的・倫理的な意味を取り去られていて、今では純粋な競争の感情に結びつく傾向があり、その結果、スポーツの性格を帯びること、さえ稀ではない

将来の予言

・将来この鉄の檻（資本主義体制）の中に住むものは誰なのか、そして、この巨大な発展が終わる時、

①まったく新しい預言者たちが現れるのか

②かつての思想や理想の力強い復活が起るのか

③一種の異常な尊大さで粉飾された機械的化石と化することになるのかまだ誰にも分からない

・こうした文化発展の最後に現れる「末人たち letzte Menschen」にとっては、次の言葉が真理となるのではなかろうか。「精神なき専門人、心情のない享楽人。この無のもの（ニヒツ）は、人間性のかつて達したことのない段階にまですでにのぼりつめた、と自惚れるだろう

・この見地をこの上もなく強力に掘り下げた
・そうした労働を天職と見、救いを確信しうるための最良で唯一の手段と考えることから生じる、あの心理的起動力を創造した

営利を「天職」と見なすことが近代の企業家の特徴となったのと同時に、労働を「天職」と見なすことが近代の労働者の特徴となった

キリスト教社会党的な下部構造を土台とする国家及び教会と「独占業者(モノポリステン)」の同盟

ピュウリタニズム…自己の能力と創意にもとづく合理的かつ合法的な営利への個人主義的起動力を対置

→そうした種類の国家的特権の上に立つ商人・問屋・植民地的資本主義に対する反対

⇒イギリスにおいて
・国家的特権の上に立つ独占産業がすべて消滅
・ピュウリタニズムの創造した心理的起動力は、産業の建設に決定的な助力をあたえた

ピュウリタンの経済的エートスとユダヤ人のエートスの対立もここに根差している

→前者こそが市民的なエートス

近代資本主義精神や近代文化の本質的構成要素の一つというべき、天職理念を土台とした合理的生活態度＝キリスト教的禁欲の精神から生まれ出たもの

・専門の仕事への専念 →現今の世界ではすべて価値ある行為の前提
・ファウスト的な人間の全面性からの断念

⇒「業績」と「断念」は今日ではどうしても切り離しえないものとなっている

・人々が勤勉であり、質素であるのを妨げてはいけない
・すべてのキリスト者に、できるかぎり利得するとともに、できるかぎり節約することを勧めねばならない

⇔これは、結果において、富裕になることを意味する

強力な宗教運動が経済的発展に対してもった意義＝その禁欲的な教育作用
経済への影響力を全面的に現すにいたったのは
・神の国を求める激情がしだいに醒めた職業道徳へと解体しはじめ、宗教的根幹が徐々に生命を失って功利的現世主義がこれに代わるようになったとき
・「巡礼者」の内面的に孤独な奮闘に代わって、同時に伝道もする孤立的経済人が姿をあらわしたとき

宗教的生命にみちていた17世紀が功利的な次の時代に遺産として残したもの
＝合法的な形式で行われるかぎりでの、貨幣利得に関するおそろしく正しい良心
→独自の市民的な職業のエートスが生まれるにいたった
宗教的禁欲の力があたえた、安心すべき保証
現世における財の分配の不平等＝神の特別な摂理のわざ
→神はこの差別をとおして、恩恵の予定によってなし給うのと同じく、われわれのあずかり知らぬある秘密の目的をなしとげ給うのだ
＝資本主義経済の基調の定式化　⇒低賃銀の「生産性」という理論のなかへ
この場合
・思想の宗教的根幹が死滅
・それに代わって功利的な傾向が知らず知らずのうちに入り込む
⇒物乞いを容認したばかりか、托鉢修道士団として栄光をあたえた
←有産者に慈善という善行の機会をあたえるところから

低賃銀にもめげない労働を神は深く悦び給うとする見地
⇩　←プロテスタンティズム

形態に対する嫌悪によって、いちじるしく阻止されざるをえなかった
〈イギリスの「国民性」のなかに今もなお並存している二つの性格〉
① 17世紀以来、「ありし日の愉しきイギリス」の代表者である「準貴族地主層」
…ありのままの素朴な人生の喜びを味わおうとする性格
②ピュウリタン諸層
…厳密な規律と自制によって自己を統御し、形式的な倫理的規制に身を委ねようとする性格

〈ピュウリタニズムの人生観〉
市民的な、経済的に合理的な生活態度へ向かおうとする傾向に有利に作用
…ピュウリタンは、そうした生活態度の唯一の首尾一貫した担い手
→近代の「経済人」の揺籃をまもった
ピュウリタニズムの生活理想が、富の「誘惑」のあまりのも強大な試煉に対してまったく無力だったことは確実
←ピュウリタニズムの精神のもっとも純粋な信奉者たちの中の「恵まれた裕かな人々」は、旧い理想の否定に傾きはじめていることが少なくない
＝世俗内的禁欲の先駆者である中世修道院の禁欲が繰り返し陥ったのと同じ運命
…修道会の会則の全歴史は、所有の世俗化作用という問題とのたえまない格闘
→ピュウリタニズムの世俗内的禁欲のばあいにも、同じことが壮大な規模で起こった

ジョン・ウェズリー（禁欲的信仰の指導者）の文章
富の増加したところでは、それに比例して宗教の実質が減少してくる
←宗教はどうしても勤労と節約を生み出すことになり、この二つは富をもたらす
⇔富が増すとともに、高ぶりや怒り、また、あらゆる形で現世への愛着も増す
→宗教の形は残るけれども、精神は次第に消えていく

侈的な消費を圧殺

⇔心理的効果として財の獲得を伝統主義的倫理の障害から解き放った

＝利潤の追求を合法化したばかりでなく、それをまさしく神の意志に添うものと考えて、そうした伝統主義の桎梏を破壊した

肉の欲、外物への執着との戦い＝所有物の非合理的使用に対する戦い

≠合理的営利との戦い

所有物の非合理的な使用は、とりわけ被造物神化として排斥されるべき奢侈という虚栄を重んずること

→禁欲は有産者に対して決して苦行を強いようとしたのではなく、必要な、実践上有用なものごとに所有物を使用することを求めた

私経済的な富の生産の面

・禁欲は不正ばかりでなく、純粋に衝動的な物欲とも戦った

←衝動的な物欲こそ、富裕となることを究極目的として富を追求することにほかならなかったからであり、所有そのものが誘惑だったから

⇔禁欲は「つねに善を欲しつつ、つねに悪を作り出す」力

←富を目的として追求することを邪悪の極致としながらも、職業労働の結果として富を獲得することは神の恩恵だと考えたから

・たゆみない不断の組織的な世俗的職業労働を、

最高の禁欲的手段

再生者とその信仰の正しさに関するもっとも確実かつ明白な証拠　として尊重

→資本主義の「精神」とよんできたあの人生観の蔓延にとって強力な槓杆となった

消費の圧殺とこうした営利の解放とを１つに結び付けた場合の外面的結果

＝ 禁欲的節約強制 による 資本形成

・利得したものの消費的使用を阻止すること＝　生産的利用

投下資本としての

使用を促した

・市民的財産の「貴族化」の傾向が、ピュウリタニズムの封建的生活

→×ピュウリタニズムの生活理想のなかには、文化を軽蔑する暗鬱な俗物根性が含まれていた

学問については正反対のことが正しい

・ピュウリタン運動の最大の代表者たちはルネッサンスの教養に染められていた

・反対者たちの諷刺も、ピュウリタンの書斎的知識や熟達した論法に向けられる

⇕

学問以外の文学、さらに感覚芸術の領域

ピュウリタンの激しい憎悪は世俗の祭礼ばかりでなく、「迷信」の臭いのするもの、呪術や儀式による恩恵授与のあらゆる残滓にまで向けられた

→文学においても芸術においても過激な主張が止まらない

今日では生産の「規格化」という資本主義の要求に形影相伴っている、生活様式の画
一化と言う強力な傾向の観念的基礎　＝「被造物神化」の拒否

純粋に芸術や遊技のための文化財の悦楽には、常に１つの特徴的な許容の限界がある

＝そのためには何の支出もしてはならない

→・人間は委託された財産に対して義務を負っており、まさしく「営利機械」として財産に奉仕する者とならねばならぬという思想

・財産が大きければ大きいほど、神の栄光のためにそれをどこまでも維持し、不断の労働によって増加しなければならぬという責任感

⇒こうした生活様式は、禁欲的プロテスタンティズムに至ってはじめて自己の一貫した
倫理的基礎を見出した

〈プロテスタンティズムの世俗内的禁欲〉

所有物の無頓着な享楽に全力をあげて反対し、消費を、とりわけ奢

にみちて醒めきった合法性の精神を旧約聖書にみられる類似した特徴によって強化

イギリスのピュウリタニズムの倫理的基調＝「イギリスのヘブライズム」
→×旧約聖書が成立した時代のパレスチナにおけるユダヤ教
○幾世紀もの形式主義的・律法的。タルムード的な教育の影響下にできたユダヤ教

●ユダヤ教

エートスは賤民的資本主義のそれ

●ピュウリタニズム

エートスは合理的・市民的な経営と、労働の合理的組織のそれ

旧約聖書の規範によって生活を隅々まで律することがどのような性格学上の結果を生むか

神の選民だという信仰がピュウリタニズムのうちに壮大な復活をみせた
→神の恩恵により道徳上欠けることのない者になりえたことへの感謝は、ピュウリタン市民の生活雰囲気の全体に浸透し、資本主義の英雄時代の代表者に固有な、あの形式主義に正しい、強靭な性格を生み出す原因となった

ピュウリタンの天職概念禁欲的生活態度の圧迫が資本主義的生活様式の発展に対して直接に影響を及ぼさざるをえなかった諸点を明らかにしていく

禁欲が反対したのは、現世とそれが与える楽しみのこだわりのない享楽
・王制的・封建的社会は、台頭してくる市民道徳と反権威的・禁欲的な私的集会に対抗して、「享楽意欲のある者」を保護

⇕

・ピュウリタンは禁欲的生活態度の原理を擁護

宗教的に直接評価しがたい文化財に対するピュウリタンの態度も懐疑的・敵対的

⇒・貧しいと願う…行為主義として排斥すべきことだし、神の栄光を害うもの
・労働能力がある者が乞食をする…怠惰として罪悪であり、隣人愛
にも反する

・確定した職業のもつ禁欲的意義の強調→近代の専門人に倫理的な光輝をあたえる
・利潤獲得の機会を摂理として説明　　→実業家に倫理的な光輝をあたえる

禁欲にとって
領主たちの貴族的な道徳的弛みや成り上がりの成金的な見栄は、嫌悪すべきもの

⇕

醒めた市民的「自力独行の人」は、輝かしい倫理的賞讃をもって迎えられる

ピュウリタン：・聖書中の偉人の霊的状態と比較しながら自分が恩恵の地位にあるかどうかを審査する際、聖書の言葉を「法典の章句のように」解釈
・神的なものか被造物的なものかという截然たる二者択一の立場に立って、旧約の外典を聖霊によらぬものとして排斥
→正典《カノーン》のなかで「ヨブ記」がいっそう強い影響をあたえる
→東洋風の静寂主義（ex:「詩篇」「箴言」）は無視

・新約によってモーセ律法の適用が解除されたのは、ユダヤ民族の儀礼的あるいは歴史
的な制約をもつ規定が含まれている部分だけ
・他の部分は「自然法」の現れとして昔から今にいたるまで効力を持ち続けている

⟹・近代の生活におよそ適応しえない規定の削除を可能にする
・プロテスタンティズムの世俗内的禁欲に固有な、あの自信

⇔人々がこの秩序に編入されるのは自然的な原因による偶然的なことがら

●ルッター

客観的な歴史的秩序にしたがって、人々がさまざまな身分と職業に編成されている

＝神の意志の直接の発現

→個々人が神のあたえ給うた地位と限界のうちに固く止まることが宗教的義務

●ピュウリタンの実用主義的解釈

職業編成の摂理的目的が何であるかは、その結果によって判断される

バックスターの見解

職業の特化は、労働する者の熟練を可能にするため、労働の量的ならびに質的向上をもたらし、公共の福祉に貢献することになる

＝できるだけ多数の人々の福祉

「天職である職業をもたない者」の生活

…世俗内的禁欲が要求する組織的・方法的な性格がまさしく欠けている

労働そのものではなくて、合理的な職業労働こそが、まさしく神の求め給うもの

ピュウリタニズムの天職理念

職業における禁欲の方法的な性格に重点　　例：ルッター

→・いくつもの職業を兼ね営むこと

公共の福祉ないし自分自身の福祉に役立ち、他の誰をも害せず、兼営する職業のどれも不誠実にならない限り、無条件に肯定的

・職業の変更

それ自体排斥すべきものではないが、いっそう有益な職業を選ぶ必要がある

〈職業の有益さの程度＝神によろこばれる程度を決定するもの〉

①　道徳的規準

②　生産する財の「全体」に対する重要度という基準

③　私経済的「収益性」　←実践的にはこれが一番重要

ピュウリタンは人生のあらゆる出来事のうちに神の動きを見る

→神が信徒の一人に利得の機会をあたえ給うたとすれば、神みずからが意図し給うたと考えるほかない

神の栄光を増すために役立つのは、怠惰や享楽ではなくて、行為だけ
　⇒時間の浪費が、原理的にもっとも重い罪
時間がかぎりなく尊い
　＝失われた時間だけ、神の栄光に役立つ労働の機会が奪いとられたことになるから
バックスターの主著
　　厳しく絶え間ない労働への教えが繰り返し、一貫して説かれている
〈二つの主題〉
①　労働は、昔から試験済みの禁欲の手段である
…とりわけ、ピュウリタニズムが「汚れた生活」という概念で一括した一切の誘惑に対する独自な予防手段であり、役割は大きかった
⇒宗教上の懐疑や小心な自己責苦に打ち勝つためだけでなく、あらゆる性的誘惑に打ち勝つためにも、「おまえの（天職である）職業労働にはげめ」との教えが説かれた
②　労働は、神の定めたまうた生活の自己目的
⇒労働意欲がないことは恩恵の地位を喪失した徴候

パウロの命題
「働こうとしないものは
食べることもしてはならない」
バックスター
富裕であるとしても、
この無条件的な誡命から免れることはできない

⇔

トマス・アクイーナス
労働は自然的目的にもとづいて個人と全体の生活維持のために必要である

→自分の必要を充たすために労働することはないとしても、貧者と同様に従わねばならぬ神の誡命が存在するから
神の摂理によってだれにも差別なく天職である一つの職業がそなえられていて、人々はそれを見わけて、それにおいて働かなければならない
⇒神の栄光のために働けとの個々人に対する誡命

職業編成
●トマス・アクイーナス
社会における分業と職業編成の現象＝神の世界計画の直接の発現

二　禁欲と資本主義精神

禁欲的プロテスタンティズムの宗教的基礎諸概念　と　経済的日常生活の諸原則　の間に存在する概念の明確化するには？

霊的司牧の実践のうちに働いていた宗教的諸力こそが「国民性」の決定的な形成者

⇒霊的司牧の実践から生まれてきたことの確かめられるような神学書が必要

天職理念のもっとも首尾一貫した基礎づけを示したもの

＝カルヴァン派から発生したイギリスのピュウリタニズム

代表的信徒：リチャード・バックスター

・長老派であり、ウェストミンスター宗教会議の弁護者
・教義のうえでは高度カルヴィニズムから抜け出ようとしていた
→内面的に革命と分派精神と「聖徒」たちの狂信的熱狂を嫌悪

富とその獲得に関する見解　…エビオン派的要素がとくに強調されている

富はそれ自体きわめて危険なもので、その誘惑は止むときがなく、その追求は神の国の大きな重要性に比べて無意味であるばかりか、道徳的にもいかがわしい

富に対する疑念は真剣

⇔倫理上の決定的な意味との関連を見抜くには立ち入って調べることが必要

〈道徳的に真に排斥すべきもの〉

所有のうえに休息することで、富の享楽によって怠惰や肉の欲、「聖潔な」生活への努力から離れるような結果がもたらされること

・「聖徒の永遠の憩」は来世においてあたえられるもの
・地上において人々は、自分が恩恵の地位にあることを確かめるために働く

だった）

① どの教派においてもつねに、宗教上の「恩恵の地位」をば、被造物の頽廃状態つまり**現世から信徒たちを区別**する一つの身分（status）と考えた。
② この身分の保持はなんらかの呪術的＝聖礼典的な手段でも、懺悔による赦免でも、また個々の敬虔な行為でもなくて、「自然」のままの人間の生活様式とは**明白に相違した独自の行状による確証**によってのみ保証されうる。
→個々人にとって、恩恵の地位を保持するために**生活を方法的に統制し、そのなかに禁欲を浸透させようとする起動力**が生まれた。
③ **禁欲的な生活**のスタイルは、神の意志に合わせて全存在を**合理的**に形成するということを意味した。
④ **禁欲**はもはや opus supererogationis（義務以上の良き行為）ではなくて、**救いの確信**をえようとする者すべてに要求される行為だった。
⑤ 宗教的要求にもとづく聖徒たちの、「自然の」ままの生活とは異なった特別の生活はもはや世俗の外の修道院ではなくて、世俗とその秩序のただなかで行われることになった。

禁欲的プロテスタンティズムの天職倫理のまとめ

…カルヴァン派の禁欲の影響下に発達をとげたことが明らか

→ 良心にしたがって生活する者だけが自分を再生者と考えてよい

洗礼派の宗教意識が正常な世俗的職業生活に流れこむとともに、被造物が沈黙するときにのみ神が語り給うとの思想	行為を冷静に考量させ、良心の個人的吟味を注意ぶかくおこなわせる、という方向への教育を意味する

〔方法的性格の根拠〕
聖霊の働きに対する「待望」という思想

⇩

現世の徹底的な呪術からの開放は、内面的に、世俗内的禁欲に向かう以外、他の道を許さなかった
→外面的にも、そうした禁欲的諸徳性が職業労働の内部へ浸透するという結果を生み出した

- 教養や生活の必要をこえた財産を排斥する立場を堅持
- 職業に対する誠実を信徒が「自然的理性」によって現世の関係に巻きこまれるときに避けがたくなる帰結だと考えていた

職業への経済的関心がさまざまな要因によって逆に強められもした
要因…**官職につくことの拒否**
貴族主義的な生活様式に対する頑強な敵対的態度 } 生活態度の方法的性格は、**非政治的な職業生活**の方向へ

この研究：禁欲的宗教意識の個々人による主観的獲得が生活態度のうえに特徴的におよぼした作用から出発した

- 従来この側面にはほとんど注意が払われていなかったため
- 教会規律のおよぼす影響の方向が必ずしもつねに同一ではなかったため

教会の統制は特定の外面的行動を強制はしたが、往々にして、方法的生活への主観的推進力を弱めることになった
→洗礼派運動がどの教派においても原則として、「教会」ではなく「信団」を生んだことは、この禁欲の度合いを強めるのに役立った（カルヴァン派、敬虔派、メソジスト派の諸教団内でも程度に差はあれ同様

・教義の知識
・悔い改めによる恩恵の獲得 ｝ という意味での信仰　→　重要性を失う

原始キリスト教の**聖霊宗教的な思想の復活**を見るにいたった
例：メノー・シモンス『原理書』：原始教会と同じく個人として神から呼び覚まされ、**召された者のみからなる教団**を目指していた

⇩

この世的な人々との必ずしも必要でない交際をきびしく回避しようとする態度が、この上もなく**厳格な聖書主義**と結びついて生まれてきた（初期の洗礼派諸教団）
神のみに向けられねばならぬ畏敬の念を損なうようなあらゆる「被造物神化」を排斥するという原理を（初期の信徒たちから）うけついだ

聖書的な生活：あらゆる世の楽しみからはっきりと離れ去り、厳密に使徒の生涯を模範とするという生活

⇕

これも**宗教意識の聖霊的性格**の前には確固不変のものではありえなかった
文書としてではなく、日々の生活のなかで神の啓示を聴こうとする信徒個々人に直接語りかけ給う、聖霊の力として働く言が、いつまでも存続していることこそ真の教会の唯一の標識であり、原始教会の証言することでもあった（啓示の存続）

↓

究極の権威として理性と良心における**聖霊の内面の証し**に決定的な重要性を認めるという教説が生まれる…聖書の独裁制は排除され、洗礼や聖餐さえも除き去るようになる（クエイカー派）

⇩

現世とその利害からの内的訣別、および良心においてわれわれに語りかけ給う神の支配への無条件的な服従だけが、まことの再生の紛れもない標識であり、それにふさわしい行為が救いの必要事となった

予定説→「より高潔な生涯」「第二の祝福」
イギリスという地盤→改革派キリスト教を基準としその「信仰復興」であろうとした
感情的行為→方法的に誘致された
それに到達した後→覚醒された感情は完全への合理的な努力という方向に向けられた
宗教意識の激情的性格

⟶ 罪悪感情の発達の弱さと関連をもっている
　メソジスト派批判がつねに指摘する点
　宗教的感覚における改革派的な根本特質がいつまでも基準となっていた
　メソジスト派の「新生」が生んだもの
　　純粋な行為主義の補足
　　予定説が放棄されたのちにおける禁欲生活の宗教的基礎づけ
　　真の回心を確かめるために、「条件」として行状という標識を不可欠とする点は、カルヴァン派となんら異なるところはない

⇩ **天職観念の発達になんらの新しい貢献もしなかった**

洗礼派、バプティスト派、メノナイト派、クエイカー派

思想：**「信ずる者の教会」**
「見ゆべき教会」…みずから信じかつ再生した諸個人だけからなる団体
「教会」ではなくて「信団」

外面的な原理に象徴されていた

…みずから内面的に信仰を獲得し告白した宗教上の成人だけに洗礼をほどこす
義認…キリストの救いの業績を内面的に自己のものとすること
　個人的な啓示、つまり**各人の内面における聖霊の働き**によってのみ行われえた

あらゆる人々に提供され、ただ聖霊を待望し、現世への罪深い執着によってその到来に逆らいさえしなければよい

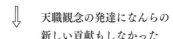

・しばしば**突如として起こる「聖化」**によって、**罪なき状態という意味での完全の意識**に達することができる…努力が必要（救いの確かさを究極において保証するため）

→感情の自己証明が決定的な意味をもつ

⇳

律法を基準とする聖潔な生活が確立されるようになる

正しい行状だけでは充分ではなく、恩恵の地位にあるとの感情が加わらねばならなかった…行為は恩恵の「条件」

〔困難〕

救いの確かさが、**恩恵と完全の直接的な感情**におかれるようになった…

1、力の弱い信徒にとっては「キリスト者の自由」の反律法主義的解釈、つまり方法的生活の弛緩

2、この帰結が拒否されたばあい、目も眩むばかりに高まっていく聖徒の自己確信、つまりピュウリタン型の**感情的昂揚**

〔このような結果が生じた理由〕

・反対者たちの攻撃に直面して、一方ではそれに対抗するために、聖書の規範的妥当性と救いの確証の不可欠製を強調させるにいたったため

・ルッター派からの強い影響がこうした発展をますます促進した

〔効果〕

・運動の内部で、恩恵喪失の可能性を解くウェーズリの反カルヴァン派的傾向をいっそう強化するという効果

・メソジスト派の道徳をささえる宗教的方向づけの不確定性をいっそう大きくした

⇩

根本において首尾一貫して固持されたもの

・「新生」：信仰の果実として直接的に現れてくる**感情的な救いの確信**という観念

・それから生じる恩恵の地位の証明としての、また罪の力からの解放を結果として伴う**聖化という観念**

・救いのための外的手段、とくに聖礼典のもつ意味が小さくなる

メソジスト派は、敬虔派と同じく、その倫理の基礎がゆれ動いている

現在における内面的な感情の昂進に宗教的欲求の目標をおく態度

世俗内的行為の合理化への推進力という点で一つのマイナスを含む

生活への宗教の浸透をますます方法化させるにはいっそう適していた

改革派の「聖徒」たちがもっぱら来世に目標をおく救いの確証への欲求

伝統主義的に〔神の〕言と聖礼典へ固着する正統ルッター派の信仰

フランケ
↓
シュペーナー
↓
ツィンツェンドルフ

感情的性格をますます強調する方向へ向かっていった

その差異は、それぞれの主要な代表者たちが生まれ育った宗教的・社会的環境の対立から生じたものだった

〔感情敬虔派からピュウリタン的聖徒たちの相違の実践的帰結〕

敬虔派が育成した諸道徳…**神の嘉したまう砕かれた心**

カルヴァン派…市民的・資本主義的な企業家の厳格、実直、行動的な心情

純粋の感情的敬虔派＝「**有閑階級**」**のための宗教的遊戯**

メソジスト派〔特質〕

- 感情的で禁欲的な宗教意識と、カルヴァン派的禁欲の教理的基礎への無関心の増大、その排斥の結合
- 救いの確かさを獲得するための**生活の「方法的」組織化**

- ドイツ敬虔派と類似を示す点がある…「回心」という**感情的行為の誘致**にまで持ちこまれるという点

激情的な宗教意識は、合理的性格の禁欲的倫理との独特な結合を生むにいたった

- 純粋に感情的な、直接的な聖霊の証しから生じてくる絶対的な確信が救いの確かさの唯一つの確実な基礎だと考えた

・信仰にとって危険な**哲学的思索への徹底的な嫌悪**
・それに応じた経験的個別知識への強い愛着

⇩

・現在において救いの悦びを感情的に味わわせよう…**幸福主義的な理想**
・同胞教団のもつ決定的な価値…キリスト者としての生活の行動性と伝道と職業労働に存する＋有用性という観点から生活を実際に合理化していく

↓

伝道の拠点＆事業の経営 →成員たちを導いて世俗内的禁欲の道を歩ませる →「使命」は何であるかを探求し、それを念頭におきながら、冷静かつ計画的に生活を築き上げていく

―

障がい 使徒的無所有のカリスマ的讃美 →「福音的勧告」の部分的復活を意味する

…合理的職業倫理の樹立はたえず妨げられたが、全然不可能とされたわけではなく、むしろ、ひたすら「天職であるから」労働にはげむという思想によって、そのための確固たる内面的準備がととのえられたのだった

ドイツ敬虔派…禁欲の宗教的礎石には動揺と不安定⇔カルヴァン派の頑強な徹底性

⇩

〈理由〉ルッター派の影響と**宗教意識の感情的性格**
・永遠の未来を約束するような、恩恵の地位をつねに新たに確証しようとする思考の内面的推進力が現在に移されて感情的となった
・職業労働によって獲得しようとした自己革新に代えて**謙遜と砕かれた心**が理想とされた

内面的体験をめざす感情の興奮とルッター派的聴罪制度の結果

実践生活における「聖潔」ではなくて「罪の赦し」をもっとも重要だと考える、ルッター派に独自な救いへの道が現れている

位を保っている

↓（重要な諸概念）

(1) 自己の聖潔な生活が、方法的に、律法によって審査されうる堅固さと完全へますます高められていく発展こそ、恩恵の地位の印だということ

(2)「かように完全にされた者のうちに働くものは神の摂理であり」、神は彼らの堅忍な待望と方法的熟慮に答えて合図を与え給うということ

○フランケ…職業労働はすぐれた意味での禁欲的手段

労働の成果をとおして信ずるものに祝福を与え給うのは神ご自身だ

神の「二重の決断」に代わるもの

…神の特別の恩恵にもとづく**再生者の貴族主義**

心理的帰結のすべてを確立すべき、さまざまな諸観念を作り上げた

「**恩恵期日説**」:恩恵は普遍的に与えられるが、それは特定の瞬間にただ一回きり与えられるだけだ、とする見解

恩恵貴族主義→懺悔によって獲られた恩恵の働きが聖潔な行状として現れているか否かによって、罪の許しを認めるか否かが決せられねばならない

＝罪の許しを与えるためには単なる「悔恨」だけでは不十分

○ツィンツェンドルフ…神の「武器」という観念（動揺していたが）

・義認をあたえられた者は必ずしも自分では知りえないが、他人はその行状によって彼の義認を識別しうる（ピュウリタン風）

・（ピュウリタン的意味での）禁欲的聖潔の傾向が増大するのを阻止し、行為による救いの主張を排除するに努めた（ルッター派風）

・聖礼典を介しての救いを固守するという、思想傾向が強まる（ルッター派的）

・**宗教的感覚の子供らしさ**がその真実性を示す標識である（独自の原則）
・神の意志の掲示に接する手段として籤を用いた

⇩

生活様式における**合理主義を阻止する方向**に強く働いた

→敬虔派内部では（ツィンツェンドルフ伯の影響を及びえたかぎり）信仰の**反合理的、感情的要素**は他の諸派に比べてもヘルンフート派がいちばん強かった

〔ツィンツェンドルフの人生観においてきわめて重要な構成要素〕

ピュウリタンの組織化された聖き生活が人間に課したあの冷静で厳格な訓練とは正反対の結果を呼び起こすことになった
＝カルヴァン派信徒の理性的な人格が「感情」に傾くのを阻止していた「抑制」が弱められた
- ・職業生活における活動力を死滅させるものにもなりえた
- ・予定の思想さえも宿命論にもなりえた
- ・一種の修道院的教団組織へと導きえた（隠退衝動が感情的に著しく高揚するばあい）

敬虔派が世俗的職業生活の内部で救いの確信をえようと努めるかぎり、改革派信徒のばあいに比べてむしろ職業生活の禁欲的統御が一層厳格となり、職業道徳の宗教的基礎づけが一層強固になるという方向にあらわれた
改革派系の禁欲は厳格に実践されればされるほど、**宗教的貴族主義**をますます強めていった

教会の内部で自由意志的につくられる集会という形をとった（オランダ）	教会制度の内部に能動的信徒と受動的信徒の形式的区別を生むかあるいは信団の形成に導いた （イギリスのピュウリタニズム）

ドイツ敬虔派の発展
予定説の基礎からは離れさる ⟺ 予定説を最高の帰結とする思考様式の領域から必ずしも逸脱してしまったのでない
例．シュペーナー…敬虔派から影響をうけた
初期の集会…ベイリーの著作が読まれた
⇩
敬虔派…禁欲的生活態度がカルヴィニズム以外の宗教意識の領域にも入りこんだことを意味する

ルッター派はこうした**合理的禁欲を異物と感ずる**ほかはなかった

ドイツ敬虔派の教理が論理的一貫性を欠いている
○シュペーナー…ルッター派の思考様式＋改革派独自の教え・信念
敬虔派における合理的・禁欲的要素がその感情的方面に対して優

→恩恵論自体の帰結として、生活の方法的合理化を必至とするような組織化への心理的推進力を欠いていた
⇔予定説は他に比類ないほど首尾一貫していたものであるばかりでなく、きわめて卓越した心理的影響をもつものだった
…カルヴィニズム以外の禁欲的運動は、その禁欲の宗教的動機という観点だけから見るときには、カルヴィニズムの内的首尾一貫性の緩和されたものとして現れてくる

敬虔主義

・恩恵による選びの思想（改革派）＝禁欲的動向（経験主義）の出発点
・最初は単に改革派的禁欲の高揚、「敬虔の実践」の強調

・敬虔派の信徒たちは公式には教会に所属していたが、神学者たちの影響下にある教会には深い不信をいだいた
・「敬虔の実践」の**信奉者だけの「集会」**をつくりはじめた

←・すべての点で神の意志に適った生活を送ろうとし、それによって日常生活の外面的な表れにおいても、自己の再生を確信しつづけたいと考えた
・「**小教会**」…禁欲の強化によって、地上にありながら、神との交わりの悦びを味わうことを願った
ルッター派の「神秘的合一」と内面的にいくぶん類似するところがある
→・普通の改革派信徒に比べて、**宗教の感情的側面が一層強められること**もしばしば

「敬虔派」の決定的な特徴

⇕

こうした感情的要素はカルヴィニズムの信仰とは一般に無縁
…感情的要素のために敬虔派の実践的宗教意識が来世の確信をうるための禁欲的な戦いよりも、
むしろ**現世にあるままで救いの悦びを味わおうとする方向**に傾いたため
感情の高揚がはげしいばあい…信仰は**ヒステリー的性格**をおびるようになる
→ **感覚的な宗教的恍惚状態**
「神を離れた状態」として感じられる精神的虚脱状態

バプティスト派のハンサード・ノリーの信仰告白 メソジスト派内部の運動の組織者、ジョン・ウェーズリ メソジストの説教者・思想家のホイットフィールド ハンティンドン伯婦人を中心に強い影響をあたえた一群の人々	「特殊恩恵説」の信奉者

この教説の壮大な一貫性によって、純粋に功利主義的な行為尊重に堕落することがなかった

「近代的」なもの

救いの確証という思想

・方法的性格をおびた道徳の心理的出発点をなしている

・信仰と道徳の結合の図式としてくりかえし現れてくる

→選びの教説とその日常生活に対してもつ意味に結びつけて「純粋培養」的に考察することが必要

→選びの教説から出発しなければならなかった

禁欲的な生活態度	ルッター派の人々
禁欲的プロテスタンティズムの産物	→倫理的生活全体の組織的・合理的な形成に対してそれ自体としては推進力となりえなかった ・自然の地位からただ一時的に救い出されるだけだということは明らかだった
・改革派諸侯の宮廷の**倫理的水準**の高さ	・ルッター派諸侯の宮廷がしばしば暴飲と粗野におちいった
・洗礼派の**禁欲的運動**	・牧師たちは純粋な信仰の説教をくりかえすだけ…抵抗しえなかった
・イギリス系アメリカ人の生活の雰囲気が**無邪気さの徹底的な克服**ということの影響下にある	・ドイツ人が「心暖かさ」「自然さ」を感じさせる
	・イギリス系アメリカ人の生活に対して、偏狭、窮屈あるいは内面的束縛といった何か異質的なものを感じる

ルッター派のばあいに見られる生活態度への禁欲の浸透の不足に由来している

意識の高揚→信団（ゼクテ）の形成

例：「独立派」の運動（救いの確証という思想の帰結としてドナティスト的な教会概念が現れてきたばあい

…教会制度の上でもさまざまな形態が生じた

規範→**「聖書至上主義」**

新約聖書
旧約聖書 } 道徳命令も同一の権威をもつと考えられた

ルッター…律法への隷属からの自由を信者の聖なる特権として讃美した

カルヴァン派信徒…**律法は理想を指し示す規範**

→理性的〔合理的〕な性格は旧約の影響に由来している

カルヴィニズムの**禁欲的な根本的性格**自身が旧約の経験感情のうちから自己と同質の諸要素だけを選び出してそれを自己に同化させた

カルヴァン派プロテスタンティズムの**禁欲**
カトリックの**修道院生活の合理的形態** → **倫理的生活態度の組織化**

外面的なことがらにも現れている…信仰日記

近代カトリックの敬虔感情
改革派教会の熱心な信徒
改革派のキリスト者たち } 罪と誘惑、恩恵による進歩のあとを継続的に記入
自分で「自分の脈搏をみた」

生活の聖化はほとんど事業経営という性格をさえもつものとなりえた

生活全体の徹底したキリスト教化

＝倫理的な生活態度に押しつけたその方法意識の帰結 → 人々の生活に決定的な影響をもたらした

・この際立った特質によってはじめてああした影響が生じえた

・他種の信仰ももしこの決定的な点（救いの確証という思想）をとおして同様な倫理的刺激をもったとすれば、同一の方向に向かって作用せざるをえなかった

カルヴァン派の宗教意識

予定説→方法的に**合理化された倫理的生活態度**

→ 改革派教説の隅の首石として堅持されていた

ex. 独立派のサヴォイ宣言

課題→無軌道な本能的享楽を絶滅すること
手段→信奉者たちの生活態度を秩序あるものにすること

⇩

カルヴィニズムがルッター派とことなり「戦闘の教会」としてプロテスタンティズムを存続させえた巨大な力は、このような**全人格の組織的な把握**という事実にその根源をもっていたから

カトリシズムの禁欲

・道徳的節制の要求は比較的大きいものだったけれども、倫理上の無組織な生活は、カトリシズムが育てあげた最高の理想にやはり到達しえなかった
・免罪符〔贖宥状〕の販売は、組織的な世俗内的禁欲の萌芽をたえず抑えつけずにはいなかった
・宗教的な意味においてすぐれて方法的な生活をおくる人間は修道士のみに限られ、世俗内的道徳を凌駕することこそが独自なきよい生活

⇩

ルッター…こうした世俗内的道徳の過小評価を最初にとりのぞいた
単にこれを彼からうけついだ

カルヴィニズムの禁欲

・すべてのキリスト者は**生涯を通じて修道士**とならねばならなくなった
＝かつては修道士の最良の代表者であったあの熱情的に厳粛かつ内面的な人々が、いまや**世俗的職業生活**の内部で、禁欲の理想を追求しなければならなくなった
・世俗的職業生活において信仰を確証することが必要
＝宗教的にいきようとする人々の一層広範な層に禁欲への積極的な刺激をあたえた
＝現世内部における**宗教的貴族主義**が生まれることとなった
越えがたい裂け目社会的感覚のあらゆる面に苛烈に打ちこまれる

活態度の全体にわたって、**一貫した方法**が形づくられることになった
18世紀にピュウリタン的思想の最後の目ざましい復興を担った人々…「メソジスト」
17世紀におけるその精神的祖先たち…「プレシジャン」(厳格派)
・「聖徒」たちの生活はひたすら救いの至福という超越的な目標に向けられた
・現世の**生活は徹底的に合理化**されることになった

改革派の信仰に禁欲的性格をあたえた

カトリックとの独自な対立と両者の内的類似をも根拠付けるものとなった

…カトリックにも類似の点が全然ないというわけではなかった

キリスト教的禁欲
西洋では　中世(最高の形態は完全に)
　　　　　古代(いくつかの現象について)
⇒ 合理的な性格をおびていた

西洋的禁欲
聖ベネディクトゥスの規律…無方針な現世逃避と達人的な域の苦行から原理上抜ける
↓
クリューニー派…その傾向は一層明白となる
↓
シトー派…さらに顕著に
↓
イエズス会…まったく決定的になる

・カトリックの修道士生活の規律
・カルヴァン派信徒の生活上の原則
顕著に現れている

合理的生活態度の組織的に完成された方法としてすでにでき上がっていた

・合理的な修道士的徳行の最高形態における目標
・ピュウリタニズムの実践生活における決定的に重要な理想

禁欲の働き
禁欲自体によって「修得」された持続的動機を固守し主張する能力を人間にあたえること
禁欲の目標→意識的な、覚醒しかつ明敏な生活をなしうる

改革派信徒…どのような成果によって真の信仰を確実に識別できるのか
→神の栄光を増すために役立つようなキリスト者の生きざま

救いの取得が善行につなげられたりする

善行 ⇄ 救いの取得

救いのために善行が必要

＝カルヴァン派の信徒は自分で救いの確信を「造り出す」
二者択一（選ばれているか、捨てられているか）のまえに立つ組織的な自己審査によって造り出す

⇕

「行為主義」だ（ルッター派より）
・道徳的行為を宗教的に尊重するにしてもカルヴィニズムがその信徒たちのあいだに作り出したものほど強烈な形は他にはなかった
・実践上の意味＝それに応ずる生活態度を特徴づける＋独自な性質を識別する
…中世のカトリック平信徒
伝統的な義務を誠実に実行した→個々の行為の羅列にすぎない
・原則のある生き方を要求した
⇔懺悔の秘蹟によってきわめて弱いものとなってしまった

具体的な「意図」がその行為の価値を決定した

行為は行為者自身に帰せられ、現世と来世の運命に影響を与える

〔カトリック信徒〕
・教会の**聖礼典〔秘蹟〕**の**もたらす恩恵**によって自分にはどうにもならぬものを補うことができた
→内面的緊張から免れることができた

⇕

〔カルヴァン派信徒〕
・**内面的緊張**のうちに生きることはとうてい免れがたい運命
・カルヴィニズムの神が信徒に求めたものは、個々の「良き業」ではなくて、**組織にまで高められた行為主義**
→日常的な倫理的実践から無計画性と無組織性が取り除かれ、生

②自己確信を獲得するための方法として**絶えまない職業労働**をきびしく教え込む

…**職業労働**によってのみ宗教上の**疑惑**は**追放**され、**救われている**との**確信**が与えられる

⇩

改革派教会のなかで培われた宗教的感覚の根深い特質にその根拠をもつ

義認をもたらす信仰の性質についての説教の（ルッター派）との差異

…シュネッケンブルガーの連続講義

改革派の宗教的感覚の特質が明白に現れている

〔ルッター派〕最高の宗教的体験として追求したもの

＝神自身との「神秘的結合」

- 神における憩いへの渇望の充足を求める受動的な性格と純粋に感情的な内面性を特徴とする
- 実在主義的現実感覚と結びつきうるし、現実感覚の支柱となること稀ではない
- 間接的に合理的な生活態度を促すこともありうる
- 外面的な活動の積極的評価が欠けているが、人間の無価値という感情が結びついて「日毎の悔い改め」を育むとされた

⇕

〔改革派〕

- 「有限は無限を包容しえず」
- 行為が神の恩恵の働きによる信仰から生まれ、さらにその行為の正しさによって信仰が神の働きであることが証しされる

⇩

救いのあり方の根本的な差異が明確に現れている

⟶ **神秘的な感情**の培養に傾く　ex. ルッター

自分を神の［容器］だと感じる

自分を神の［道具］だと感じる

⟶ **禁欲的な行為**に傾く　ex. カルヴィニズム

・「個人」と「倫理」の分裂は存在しなかった（＝カルヴィニズムの倫理の功利主義的性格の根源、職業観念の重要な諸性質もここから生まれた）

地上の生活のあらゆる利害関心よりも来世の方が重要であると考えられていた時代において、そういた教説（予定説）を人々はどんなにして耐え忍んでいったのか

〔カルヴァン〕

・自分は**神の「武器」**だと感じ、**救われていることに確信**をもっていた

一人びとりが何によって自分自身の選びに確信をもちうるか

→神が決定し給うという知識と、信仰から生じるキリストへの信頼をもって満足しなければならない

→彼らの行動によって知りうるとの臆見は神の秘密に立ち入ろうとする不遜な試み…原理的に斥けた

〔後継者〕

→救われていることを知りうるとの意味での「救いの確信」がこの上もなく重要なことになる…確かな標識があるかどうかという問題が無くてはすまされぬことに

・敬虔派の発展過程において、この問題はたえず中心的な意義をもつ

・敬虔派以外でも中心的儀式に参加をゆるすか否かという問題に関連をもった

＝自分が救われているか否かという問いが前面に現れてきた

→恩恵が人間のうちに生み出す堅忍な信仰がそれを確証するということを指示するだけですますことは不可能となる

→相互に関連しあう二つの類型の勧告が特徴的なものとして現れてきた

①誰もが自分は選ばれているのだと考えて、すべての疑惑を悪魔の誘惑として斥ける

…己の召命に「堅く立て」との使徒の勧めが日ごとの闘いによって自己の選びと義認の主観的確信を獲得する義務の意味に解されている

→自己確信にみちた「聖徒」が練成されてくる

人生との絶え間ない、組織的な闘いへの拍車

同一の不安

比較：バニヤン『天路歴程』…根本においてただ自分の救いのみを考えるピュウリタン信徒たちの情感を描き出した

　デリンガーの描いたアルフォンゾ・デ・リグオーリ…死と死後に対する苦悩にみちた不安

ありうべき一切の自卑の動機　→この相違はいったいどこから来たのか

社会的な組織づくりの点でカルヴィニズムが明らかに卓越していた事実	現世に張りめぐらされた堅い束縛から内面的に個人を解き放とうとする傾向

どのようにして結びつきえたか
＝カルヴィニズムの信仰による個人の**内面的孤立化**の圧力の下で、キリスト教の「隣人愛」が帯びるほかはなかった独自な色調から、生まれてきた結果

〔教義の上で〕
現世にとって定められたこと…**神の自己栄化**に役立つということ
選ばれたキリスト者が生存している…神の誡めを実行し、**現世において神の栄光を増す**ため

⇩

「隣人愛」は何よりもまず自然法によってあたえられた職業という任務の遂行のうちに現れるものであり、そのさいに社会的秩序の合理的構成に役立つべきものという性格を帯びるようになる

合目的的であり、聖書の啓示に照らしても、生得の直観によっても、それが人類の「実益」のために役立つようにでき上がっていることは明瞭

→**労働こそが神の栄光を増し、聖意に適う**ものと考えられる
〔カルヴィニズムに具わっていた同じ方向に作用する特質〕
・神義論の問題、人生と現世の「意味」についての疑問は全く排除してしまうのが当然であり、力の節約となった

〔結果〕

個々人のかつてみない**内面的孤独化の感情** →教会や聖礼典による救済を完全に廃棄した ⇔カトリシズムと比較して無条件に異なる決定的な点 **→呪術からの解放**	+	一切の被造物は神から完全に隔絶し無価値であるとの教説

- ・文化と信仰における**感覚的・感情的な要素へのピュウリタニズムの絶対否定的な立場**、さらに、彼らのあらゆる**感覚的文化への原理的な嫌悪**の根拠を包含することになる
- ・**現実的で悲観的な色彩をおびた個人主義**の一つの根基をも形づくっている

→神への信頼の示す排他性のもっとも極端な形態にほかならず、そうしたものの究明が必要

- ・イギリスのピュウリタニズムの諸著書がしばしば、人間の援助や人間の友情に一切信頼をおかないよう訓戒している
- ・バックスターも、最も近しい友人に対しても深い不信頼をもつことをすすめている
- ・ベイリーはあからさまに誰も信頼せず、神だけが信頼しうるかただ、と説いている

こうした生活感情　⇔　ルッター派

カルヴィニズムが十分に発展した地方では個人的な懺悔の聴聞がいつとはなしに消失してしまったことだろう

→カルヴィニズムにおいては、救いのためには真の教会に所属することが必要だったにもかかわらず、その信徒たちの神との交わりは、**深い内面的孤立化**のなかでおこなわれた

第３章第３項　神はある人々を永遠の生命に予定し、他の人々を永遠の死滅に予定し給うた
（他第５項、第７項、第10章第１項、第５章第６項）

この教理はいかにして成立し、カルヴィニズムの神学思想のうちにどのようにして取り入れられていったか

〔経路１―ルッター派の場合〕

・キリスト教史の上に繰り返し現れてくる偉大な祈りの人のうちでも最も能動的で情熱的な人々のばあい、宗教的な救いの感情は、すべてが一つの客観的な力の働きにもとづくものであって、いささかも自己の価値によるのではない、という確固とした感覚に結びついて表れている
・ルッターも彼の宗教的才能が最高潮にあった当時には、神の「測らざるべき決断」こそ自分が恩恵の状態に到達しえた絶対唯一の測りがたい根源だ、とはっきりと意識していた
・彼が「現実政治的」となるにしたがって、背景に退いていった
・メランヒトンはこの「危険で理解しがたい」教説をアウクスブルクの信仰告白に採り入れることを回避した
・ルッター派の教父たちにとっては恩恵は喪失可能であり、悔い改めによる謙遜と信仰による神の言への信頼と聖礼典とによって新たに獲得されうるということは疑問のないこと

〔経路２―カルヴァンの場合〕

・教義上の論敵に対する論争がすすむにつれて、この教理の重要性が目にみえて増大していった
・「恐るべき〔神の〕決断」の教理は思索によってえられたのであり、神のみを思い人間を思わない彼の宗教的関心が思想的に徹底されていくたびに、その重要性もますます大きいものとなっていった
・神の決断は絶対不変であるがゆえに、その恩恵はこれを神からうけた者には喪失不可能であるとともに、これを拒絶されたものにもまた獲得不可能

最良の方法か？

→そうした根源的な思想内容を知らずには、道徳的革新も一つとして成就されなかったという事実を理解することができない

⇩

宗教的信仰および宗教生活の実践のうちから生み出されて、個々人の生活態度に方向と基礎をあたえるような心理的機動力を明らかにすることが重要

宗教的信仰の諸観念の特性からも由来することが大きかった

→教理と実践的な宗教的関心事との関連を知ることが必要となる

⇩

宗教的思想を「理念型」として整合的に構成された姿で提示する

カルヴィニズム

特徴的な教義…恩恵による選びの教説〔**予定説**〕

→歴史的な因果帰属の判断が問われる

→選びの教説がきわめて高く評価されねばならなくなる

例.

・オランダでオルデンバルネフェルトの文化闘争が瓦解した

・王室とピュウリタニズムとが教義の上で分裂を生じ、国教会の分裂が恒久化した

・カルヴィニズムが国家に有害だとして政府から攻撃をうけた

・この教義を教会の基準的な教義に高めることが宗教会議の課題の中心となった

・「戦闘の教会」の英雄たちにとって、この教説は堅固な拠り所となった

・教会分裂の原因になる

・信仰復興のさいの鬨《とき》の声となった

「ウェストミンスター信仰告白」

第9章第3項　人間はみずからの力で悔い改めあるいは悔い改めにいたるようみずから備えることはできない

第二章　禁欲的プロテスタンティズムの天職倫理

一　世俗内的禁欲の宗教的諸基盤

禁欲的プロテスタンティズムの担い手

1、カルヴィニズム

イギリス国教会との相違もそんなにはっきりしたものではない

2、敬虔派

カルヴィニズムを地盤としてイギリス`オランダで発生し、17世紀末葉にルッター派に合流し、ルッター派教会内部での運動としてつづけられていた。

発展の当初ははっきりと分かれていた

↓

・17世紀後半のバプティスト派…両者は密接に関連しあっている

・17世紀前半にはイギリスやオランダの独立派の諸信団では両者の相違はそんなにはっきりしたものではなかった

3、メソジスト派

18世紀の中葉イギリス国教会の中で生まれ、在来の教会の内部に禁欲的精神を喚起しようとしたもの。アメリカへの伝道にさいしてはじめて国教会から分離した。

4、洗礼派運動から発生した諸信団

ルッター派との相違もそんなにはっきりしたものではない

相互の対立は闘争の過程でようやくしだいに尖鋭化していった

・きわめて重要な点での相違さえ恐ろしくさまざまな形で互いに結合しあった

・信徒たちの道徳的生活態度はきわめて相似したものとなっていた

→相似した倫理上の諸原則がさまざまな教義的基礎に結びつきうる

　　→道徳的実践を確定しうるかぎりでそれだけを問題とするのが

×経済制度としての資本主義は宗教改革の産物だ

確認しようとしていること…

「精神」の質的形成と全世界にわたる量的拡大のうえに宗教の影響がはたして、また、どの程度に与って力があったかということ、および資本主義を基盤とする文化のどのような具体的側面がそうした宗教の影響に帰着するのか

宗教改革期

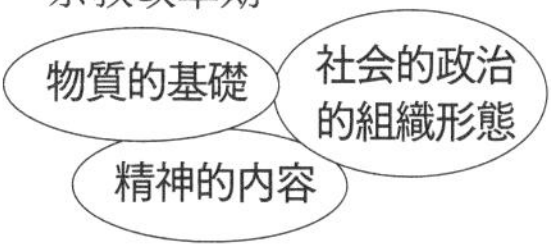

→相互におそろしく複雑に影響し合っている

1．**特定の宗教的信仰と天職倫理との間に、はたして、なんらかの「選択的親和関係」が認められるか、また認められるとすれば、それはどの点でか**

2．**選択的親和関係の結果として、宗教上の運動が物質文化の発展に及ぼした影響の仕方と一般的な方向**もできるだけ明らかにする

→近代の文化内容はその歴史的発生においてどの程度宗教的動機に負うもので、どこまで他の動機に負うものなのかを判断するという試みもできるようになるだろう

差異の内的諸原因をたずねる

⇔「民族性」は根拠にはならない

ex. ピュウリタン革命の際の「騎士派」と「円頭派」→根本的に異なった種族の人間

イギリスの貿易商人とハンザ都市の商人の性格→根本的な違いは認められない

⇩

古プロテスタンティズムの倫理と資本主義精神の発展との関係を探求するにあたって、カルヴァンやカルヴィニズム、およびその他の「ピュウリタン」諸信団の達成したところから始める

×これら諸教団の建設者あるいは代表者たちが「資本主義精神」の喚起を何らかの意味で生涯の目的としていた

→倫理的な改革綱領などといったものは決して中心問題となっていなかった

→宗教改革の文化的影響の多くが、ぜんぜん意図されなかった結果であり、しばしば改革者たち自身の念頭にあったものとは遥かにかけはなれた、あるいはむしろ正反対のものだった

×「歴史的発展における必然な」ものとして経済の推移から演繹しうるとするような見解
→歴史的情勢、政治的な諸過程の共働が必要だった

〈序論的討究の結びとして〉

×宗教改革の思想的内容を評価しようとするもの

→宗教改革の諸側面のうちでも外面的なものと見なされるはずの側面を取り扱う

→**近代文化のもつ一定の特徴ある内容のうち、どれだけを歴史的原因として宗教改革の影響に帰属させることができるか、**ということだけを問題とする

「資本主義の精神」
×宗教改革の一定の影響の結末としてのみ発生しえた ⇨ 資本主義的経営の重要な形態のあるものが宗教改革よりもはるかに古い

いった〔カトリック的〕態度を除去した
→政府への服従と所与の生活状態への順応が説かれることになった

⇕

・こうしたルッター風の職業思想はすでにドイツ神秘家たちによってひろく準備されていた　ex. タウラー
・合理的天職倫理の心理的基礎が神秘家たちの場合に比して一層不確実なものとなっており、ルッター派はある意味で神秘家たちに比して退歩しているとさえ言える

実践的意味は、ルッターおよびルッター派教会の世俗的職業に対する態度からは直接には導き出すことはできない
→生活実践と宗教的出発点との関連がいっそう確かめやすいものをとって、観察
・カルヴィニズムとプロテスタント諸信団とが資本主義発達史の上で顕著な役割を演じた

カルヴィニズム	⇔	カトリシズム

理由：純粋に政治的なもの
＝ルッターの事業はカルヴィニズムなくしては外的な永続性をもちえなかっただろう

カルヴィニズム	⇔	カトリック信徒 カトリック派信徒

ex. ダンテの『神曲』とミルトンの『失楽園』

理由：カルヴィニズムの倫理的特性
＝宗教生活と現世的行為の関係がまったく異なる
(特殊宗教的な主題だけをとりあつかった文学においてさえ明らか)
→世俗内的生活を使命として尊重する態度のこの上もなく力づよい表現
→ルッター派の精神とも性質がちがう
→思考によるいっそう正確な定式化をおこなうとともに、この

に伝統主義に傾いている

→ルッターの態度は彼の展開の時期を通じて、ますます伝統主義に傾いていった

宗教改革の活動を開始した当初

職業は根本において被造物的なものだ（パウロの終末観的無関心と内面的に近い見方）

・職業のあり方などを重視することは無意味
・各自の必要を超えた物質的利益の追求は恩恵のもとにないことを示す

↓

現世の紛争に巻きこまれる

・他者の犠牲によらずしては不可能→端的に排斥すべきもの
・職業労働の意義を重視することもいよいよ強くなる

⇕

・職業は神の導きによって与えられたものであり、この具体的な地位を充たせというのが神の特別な命令だ

↓

「熱狂者たち」や農民騒擾との抗争

・歴史的な客観的秩序は直接に神の意志の発現だ
・「聖慮」という思想に照応する伝統主義的な色彩を強く帯びる
→各人は原則としてひとたび神から与えられれば、その職業と身分のうちにとまるべきである
＝神への無条件的服従と所与の環境への無条件的適応とを同一視するにいたる

⇩

宗教的原理と職業労働との結合を根本的に新しい、あるいはなんらかの原理的な基礎の上にうちたてるには到らなかった＝天職概念は伝統主義を脱するに到らなかった

〈正統ルッター派がもたらした倫理的収穫〉

・禁欲的義務を強調すれば世俗内的義務を軽視するようになる、と

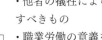

⇔パスカルの強い嫌悪の念

イエズス会のプロバビリズムが作り上げた寛大で高利的な世俗への順応

…個々の場合にどんな実践的意義をもったかということはまだ明確に認識されてはいない

○ルッターは「資本主義精神」と内面的に親和関係をもっていたわけではない

・宗教改革の業績を熱心に賞讃するような教会の人々も資本主義の味方ではない

・ルッター自身がフランクリンに見られるような心情との親和関係を拒否するだろう

・ピュウリタンやユグノーたちも金融業者などに対して熱烈な闘争をおこなった

・ルッターの言葉のなかには資本主義的営利の本質に対する彼の見方がはなはだ立ち遅れていたことが明白にあらわれている

→宗教的な意味における「召命」の思想それ自体は、世俗内的生活態度に対してさまざまな形をとりえた

○宗教改革そのもののなしえたこと

世俗内の職業として編成された労働に対して道徳的重視の度合いや宗教的褒章をいちじるしく強めた

→「天職」思想の展開はその後プロテスタント諸教会のそれぞれのうちに成育していった信仰のいっそう立ち入った特質に依存することになる

ルッターは聖書から天職思想を導き出したと考えた

⇔聖書は全体として一個のほぼ均質の伝統主義的思想をはっきりと形づくっている

・イエス自身の態度→典型的な古代オリエント的な祈りのなかに古典的純粋さ

・現世拒否の志向→近代職業思想を直接彼個人に関連させることを不可能にしている

・パウロの世俗の職業生活に対する態度→無関心的であるか、根本的

ルッターの聖書翻訳

　→プロテスタント諸民族の世俗の用語のなかで現在の意味をもつようになる

それ以前にはこうした語義の萌芽は全く認められない（ドイツ神秘家の一人（タウラー）を除く）

〈思想〉

宗教改革の産物であり、無条件に新しいもの

世俗的職業の内部における義務の遂行を、道徳的実践の最高の内容として重要視した

　　→世俗的日常労働に宗教的意義を認める思想を生む

　　→そうした意味での天職⊠Beruf⊠という概念を最初に作り出した

ルッターにおける思想の展開
（改革活動の最初の10年間）

各人の生活上の地位から生じる世俗内的義務の遂行こそが神から与えられた「召命」にほかならぬ、と考えるというもの

世俗的労働は信仰生活の不可欠な自然的基礎だとしても、それ自身としては道徳にかかわりのないもの → 「信仰のみ」の思想がますます明白な形に徹底化される → カトリック修道士の「福音的勧告」に対する反対が強調される → 世俗的職業のもつ意義は大きなものに

→修道院にみるような生活は、利己的な愛の欠如の産物であり、世俗の職業労働こそ隣人愛の外的な現われである

⇔基礎づけはおそろしく現実ばなれしたもの→やがて消失

　→世俗内的義務の遂行こそが神に喜ばれる唯一の道であって、これのみが神の意志であり、許容されている世俗的職業はすべて神の前では全く等しい価値をもつ

　…その後指摘されつづけ、ますます強調されるようになる

世俗の職業生活にこのような道徳的性格をあたえたことが宗教改革の、したがってルッターの業績のうちで後代への影響がもっとも大きかったものの一つ

る。→しかし不可能だということがすぐに明らかになってくる。
○理由○
歴史上合理主義の進展は決して個々の生活諸領域において並行して行われてきてはいないから。

生活の「合理化」は、きわめてさまざまな究極的観点のもとに、きわめてさまざまな方向に向かって行われうるものなのだ。

「合理主義」は一つの歴史的概念である。

研究課題

われわれの究明すべき点は

過去および現在において資本主義文化のもっとも特徴的な構成要素となっている》Beruf《「天職」思想と、職業労働への献身とを生み出すに至った、あの「合理的」な思考と生活の具体的形態は、いったい、どんな精神的系譜に連なるものだったのか。

という問題でなければならない。

その場合、とくにわれわれの興味を惹くのは、この《Beruf》「天職」概念のうちに、存在する、この非合理的要素はどこからきたのか、ということ。

三　ルッターの天職観念—研究の課題

Beruf（独）=calling（英）：「職業、神からあたえられた使命」

〈語〉

Beruf という語と類似の語調をもつような表現

カトリック教徒が優勢な諸民族にも、古典古代の場合にも見出せない	⟺	プロテスタントの優勢な諸民族の場合には必ず存在する

この語とそれがもつ現在の意味合いは聖書の翻訳者の精神に由来している

○理由○

彼らが生涯の仕事とすることがらは、教会の伝統の上に立つかぎり、せいぜい道徳に無関係だとして寛容されているにすぎず、それどころか教会の利子禁止にいつ抵触するか分からない恐れがあった。

↓

来世のためにこの教理と妥協するのが普通だった。

外面的には利潤の獲得を指向するにすぎない活動が、個々人に義務として意識されるような、そうした》Beruf《「天職」という範疇にまで構成されるにいたったという事実は、どのような思想世界にその源泉をもったのだろうか。

けだし、そうした思想こそが「新しいスタイル」の企業家の生活態度に倫理的下部構造と支柱を与えることになった。

《近代経済の基調としての「経済的合理主義」》

生産過程を科学的観点の下に再編制	⇒	それによって人間の身体にからみついている自然の「有機的」限界から解放する

→技術および経済の領域でのこうした合理化過程が近代市民社会の「生活理想」の中で大きな部分を占めていることは明らか。

多くの人に「労働をあたえ」て故郷の都市の経済的「繁栄」のために尽力したという満足と誇り

→こうしたものすべてが、近代の企業家層にとっては独自な人生の喜びであり、かつ「理想主義的」な意味をもつものだった。

また経済的効果を目標として計画的かつ冷徹に実行にうつしていくことが、資本主義的私経済の根本的特徴の一つとなっている。↔「冒険商人的資本主義」

こうして一見、「資本主義精神」の発展は合理主義の巨大な発展の部分現象として見るのがもっとも簡明であって、究極的な人生問題に対する合理主義の原理的立場から導き出すことができるかのように思われ

合的なもの）

《今日の資本主義》
・宗教的な勢力の是認は不必要
・国家による経済生活の統制を好まない
・教会的規範を妨害と感じる
↓
商業政策や社会政策上の利害状況などが「世界観」を決定する

これは近代資本主義が勝利を得て、古い足場から自己を解放した時代の現象である。

かつての資本主義は形成期の近代的国家権力と結合することによって、はじめて古い中世的経済統制の諸形態を破砕しえた。

↓

宗教的権威との関係についてもそうしたことが起こりえたのではなかろうか。

それ（＝資本主義と宗教的権威が結合することではじめて古い中世的経済統制の諸形態を破砕した）が、現実に起こったか否か、また現実に起こったとすればそれはどのような意味を持ったのか。

それを究明することこそが本書におけるわれわれの仕事となるのだ。

○理由○

貨幣の獲得を人間に義務づけられた自己目的、すなわちBeruf（天職）とみるような見解が、他のどの時代の道徳感覚にも背反するものだったということは、ほとんど証明を要しないから。

しかし、当時の支配的学説は資本主義的営利の「精神」をturpitudo（醜いこと）として排斥しており、そうでない場合にも、少なくともそれに倫理上の積極的な評価を与えることはできなかった。←こうした考えがわけても資本主義の当事者だった人々自身が抱いていたもの。

がって何よりも自由主義的な「啓蒙思想」こそが適合的な基礎となる、と人々は考えるかもしれない。←しかし、実際今日では一般にまったくそのとおりであった。

現在では、通常「資本主義精神」に充たされた人々は、教会に反対ではなくても、無関心な態度をとっている。

○理由○

彼らの目には宗教は地上の労働から人々を離れさせる手段と映じるから。

休みなく奔走することの「意味」を彼らに問うとき、「子や孫への配慮」と答えうるが、より多くは、

より正確に、自分にとっては普段の労働を伴う事業が「生活に不可欠なもの」となってしまっているから。

＝彼らの動機であり、事業のために人間が存在し、その逆ではない、というその生活態度が、個人の幸福の立場からみると、まったく非合理的だということを明白に物語っている。

長年月にわたって繁栄をつづけている人々の生活態度はしばしば、一定の禁欲的特徴を具えている。

（↔合衆国、ドイツの成り上がりの資本家家族）

また、こうした企業家は適度に冷静な謙虚さの認められることがきわめて多く、自分のためには「一物を持たない」、—ただ良き「天職の遂行」という非合理な感情を持っているだけなのだ。

ところが、こうしたことは資本主義以前の人々には不可解かつ不可思議であった。

こうした資本主義の「精神」は純粋に適応の産物として理解することも可能である。

資本主義的経済秩序はこうした貨幣獲得が「天職」としておこなわれることを必要としている。

（→外物に対する人間の態度のうち資本主義的経済構造にもっとも適

・直接の接触すなわち小売業を通じて販売をすべて自分の手におさめ、買い手の必要や希望を適合させ、その「好みに合う」ようにするとともに、「薄利多売」の原則を実行し始めた。

こうした「合理化」過程の結果として、向上しえないものは没落せねばならなかったのだ。

→このような変革を惹き起こしたのものは、通常新たな貨幣の流入などではなくて、むしろ新しい精神、すなわち、「近代資本主義の精神」の侵入だった。

新しい精神の侵入は平和なものでないのがつねだった。

そのために企業家（＝最初の革新者）には経済上、道徳上の破滅に陥らぬためには、きわめて堅固な性格が必要であり、また、明晰な観察力、実行力とともに、

とりわけ決然とした顕著な「倫理的」資質をそなえていなければならなかった。

↓

そうしなければ、確信に必要な顧客と労働者からの信頼を得ることはできないし、また、無数の抵抗に打ち勝つ緊張力をたもちつづけ、企業家に必要な、そのような事情を公平に観察することは誰人にも決して容易ではなかったのだ。

○理由○

そうした倫理的資質が、過去の伝統主義に適合的なものとは異なった、独自なものであるため。

また、経済生活における新しい精神の貫徹という決定的な転換を生み出したのは、厚顔な投機屋や冒険者たち、あるいは「大富豪」などではなくて、むしろ厳格な生活のしつけのもとで成長し、とりわけ、醒めた目でまたたゆみなく綿密に、また徹底的に物事に打ち込んでいくような人々だった。

↓

このような個人の道徳的資質は旧来の伝統から離脱させる能力、した

しかし、こうした心情と資本主義企業の両者は、それ自体としては、しばしば別々に存在することもあり得る。

・「資本主義の精神」の心情の担い手たちは産業的中産者身分の中にかえって多くみられた。

・銀行や輸出貿易やまた比較的大規模な小売業、あるいは大規模な問屋制前貸などの経営は、資本主義的企業の形態によらずには営みえないことは明白であるが、これらすべては厳密に伝統主義的な精神によって営まれることもありうる。

小売業では古い伝統主義を終わらせる革命（＝旧い形態の問屋制度を破砕したもの）が今なお進行中。

この革命の経過と意味を明らかにするために一つの事例をあげる。

○事例 7 〜問屋制前貸〜○

19 世紀中葉までの前貸問屋→営業時間はあまり長くなく、儲けはともかくも相応の生計を維持して、好景気の時に小財産を残すことができる程度に過ぎなかった。

こうしたものがあらゆる点で「資本主義的」な形態の組織だったことは、

・企業家たちの純粋に承認的で事務的な性格

・事業の運転の為に資本の介在を不可欠とした事実

・経済過程の客観的な側面や簿記の方法

についてみても、明瞭なことである。

しかし、企業家たちの魂を動かしていた精神から見ると、それは「伝統主義的」な経済だった。

→事業経営を支配していたのは伝統的な様式であって、これこそがそうした経営者層の「エートス」の基礎をなしていた。

ところが、問屋制前貸を営む家族出身の一青年が

・都市から農村に出かけ、自分の要求に合致する織布工たちを注意深く選び出し、彼らに対する支配統制を強化して、農民的な彼らを労働者に育成する。

→資本主義の要求にまさしく合致するところの考え方は、このような場合一番受け容れられやすく、伝統的慣習を克服する可能性も宗教的教育の結果最大となる。

↓

資本主義への適応能力と宗教的要因の関係が資本主義の成育期にはどうなっていたかを問題にすることはとにかく無駄ではない。

○ case2 「企業家」

ゾムバルトは資本主義の起源を検討するにあたって、経済の歴史がその間を動いてきた二つの大きな「基調（ライトモチーフ）」として「必要充足」と「営利」を区別した。

《必要充足》	《営利》
経済活動の様式と方向を決定するものが 人間的必要の大きさ	経済活動の様式と方向を決定するものが 利潤の追求と利潤獲得の可能性

→必要充足での「必要」の概念が「伝統的必要」でない場合、

組織形態上「資本主義的」と見なければならぬ経済でありながら、「営利」経済の領域からはみ出て「必要充足経済」の領域に入るものが非常に多い。

また、「資本主義的企業」でありながら、依然として「伝統主義的」な性格を帯びている場合もありうる。←近世の経済史においても普通のことだった。

経済の「資本主義的」形態とその経営上の精神とは決して互いに「法則的」な依存の関係ではない。

それにもかかわらず、**正当な利潤を》Beruf《「天職」として組織的かつ合理的に追及するという心情を、われわれがここで暫定的に「（近代）資本主義の精神」と名づける**

・近代資本主義的企業がこの心情のもっとも適合的な形態として現れた。

・この心情が資本主義的企業のもっとも適合的な精神的推進力となった。という歴史的理由限界その1:労働市場で低廉な代価で雇用できる過剰人口の「予備軍」があまりに多きにすぎる場合→労働を集約的に利用しつくせるような経営形態への移行はむしろ阻害される。

限界その2：何らかの技能的（熟練）労働だとか、高価な破損しやすい機械の取り扱いや、およそ高度に鋭敏な注意力や創意を必要とするような製品の製造が問題となる場合→低賃金はつねに資本主義の発展の支柱としてまったく役立たない。

〇役立たない理由〇

端的に高度の責任感が必要であるばかりか、あたかも労働が絶対的な自己目的──》Beruf《「天職」──であるかのように励むという心情が一般的に必要となるから。

こうした心情は、決して、人間が生まれつきもっているものではない。
長年月の教育の結果としてはじめて生まれてくるものなのだ。

〇事例6～未婚婦人の労働者～〇

未婚婦人：いったん習得した労働の形式を捨ててもっと実用的な形式をえらんだり、労働の新しい形式に適応したり、それを習得したりするのに、また知性を集中し、あるいはそれを動かすことだけにさえ、能力や意欲を全然欠いている。

・もっと安易に、もっと収入がよくなるように労働ができると説明する→まったく理解されない。

・出来高賃銀率を引き上げる→慣習の壁にはねかえされ、無効果に終わってしまう。

事例：とくに宗教教育を受けた少女、わけても敬虔派の信仰を持つ地方で育てられた少女

〇思考の集中能力

〇「労働を義務とする」この上なくひたむきな態度

●賃金とその額を勘定する厳しい経済性、および労働能力のいちじるしい向上をもたらす冷静な克己心と節制

《「資本主義の精神」の闘争の敵であった伝統主義》

資本主義の「精神」が、遭遇しなければならなかった闘争の敵は、ほかならぬ伝統主義とも名づくべき感覚と行動の様式であった。

○ case1 「労働者」

出来高賃銀（労働の集約度を高めるために通常利用する、技術的方法の一つ）

出来高賃銀の率を上げて労働の増大に関心をもたせようと試みた←労働者の「営利心」に訴える

しかし、結果として期待したように一定期間内の労働が増大せず、それどころか、むしろ減少するという場合が目立って多かった

報酬の多いことよりも、労働の少ないことの方が刺激となった。

彼らが考慮に入れたのは、

できるだけ多く労働すれば一日にどれだけの報酬が得られるか、ではなくてこれまでと同じだけの報酬を得て伝統的な必要を充たすには、どれだけの労働をしなければならないか、ということ。

→まさしくこれは「伝統主義」とよばれる生活態度の一例。

人は習慣としてきた生活をつづけ、それに必要なものを手に入れることだけを願うにすぎない。

近代資本主義が「生産性」を引き上げるという仕事を始めたとき、至る所でこの上もなく頑強に妨害しつづけたのは、資本主義以前の経済労働のこうした基調（ライトモチーフ）だった。

賃金率の引き下げ（低賃金）――民衆は貧しい間だけ、貧しいからこそ労働するのだ

しかし、一見はなはだ確実に見えるこの方法の効果にも限界がある。

→市民的資本主義の発達が「立ち遅れ」ている（西洋における発展を尺度で計ってのことだが）そうした国々では、営利にさいして利己的に振る舞う、その絶対的な厚かましさがいたるところに見られる。

↓

労働者の「良心的であること」のなさが、資本主義の発達を妨げる主要な原因の一つとなっていた。

↓

貨幣を渇望する「衝動」の強弱といったものに資本主義とそれ以前の差異があるわけではない。

また、むしろ金銭欲への衝動にかられて一切をなげうった連中は決して、近代独自の資本主義「精神」が大量現象として出現する、その源泉となった心情の持ち主ではなかったのだ。

「共同体内部」での関係では禁じられていたことも、規範に服することのない自由な商業も、他部族や共同体外の人々との関係では差し支えないものとされていたのは、「対外道徳」のこととして許されていたのだ。

↓

意識的に何の憚るところもない、利潤追求の無制限かつ意識的厚かましさが、伝統による厳格な高速と、密接して併存していたことも稀ではなかった。

さらに、伝統が破壊され自由な営利活動が多かれ少なかれ社会諸集団の内部にまで滲透しつつあるような場合でも、
新しいものの倫理的肯定や定型化は行われずに、ただ倫理上問題にならぬ、あるいは、喜ぶべきではないがやむを得ないこととして、事実上寛大に扱われているのに過ぎないというのが普通だった。←資本主義以前の時代に平均的な人々が実際にとっていた態度。

こうした態度こそ、市民的資本主義経済成立のための前提諸条件に人々が適応しようとするさい、いたるところで遭遇することになった内面的障害のうち最強のものの一つだったのだ。

た物の見方として成立していなければならない
　↓
　だからこそ、そうした職業観念の成立がまずもって解明されねばならない。

○事例４（Ａの場合）〜ニューイングランドと合衆国南部諸州の二つの植民地における「資本主義精神」〜○

《合衆国南部諸州》	《ニューイングランド》
「資本主義精神」→こうした精神は未成育の状態 ↑ 営利を目的とした大資本家たちの手で作られた植民地	「資本主義精神」→「資本主義の発達」より以前に明白に存在していた。 ↑ 牧師、知識人と小市民、職人、ヨウマンたちの結合によって宗教的な理由にもとづいて生まれてきた植民地

　→この場合には、因果関係は「唯物論」の立場から想定されるものとはともかく逆の関係になっている。

　ところで、われわれが先に説明した意味での資本主義精神も、自分を敵とするおびただしい勢力と困難な闘争をやりとげねばならなかった。しかし、資本主義以前の時代には
　・「営利の衝動」が未知ないし未発達だったためではない
　・「呪われた黄金の飢餓」というか、金銭欲が当時市民的資本主義の圏外にある人々の間では、その圏内にある人々よりも少なかったためでもない

○事例５〜南ヨーロッパやアジア諸国の職人たち〜○
　彼らの金銭欲はイギリスの同様な人々に比べて遥かに徹底的だし、ことに厚顔だ。

道徳のまさしくアルファでありオメガとなっている。

《職業義務について》

職業義務＝単なる利潤の追求の営みに過ぎないにもかかわらず、各人は自分の「職業」活動の内容を義務と意識すべき、または事実意識している、という義務の観念。

この考え方は

・資本主義文化の「社会倫理」に特徴的なもの

・ある意味ではそれにとってたしかに構成的な意味を持っている

しかし、

・資本主義の土台としてのみ発生しえたというようなものではない。…A

・現在の資本主義が存続しうるための条件としてその個々の担い手たちがそうした倫理的原則を主体的に習得していなければならぬということでもない。…B

○事例3（Bの場合）～今日（20C前半）の資本主義的経済組織～○

今日の資本主義的経済組織は既成の巨大な秩序界（コスモス）で、個々人の経済行為に対して一定の規範を押しつける。

もし、規範に対して……

・（製造業者）が長期間反して行動する→必ず経済的淘汰を受けねばならない

・（労働者）が適応できないまたはしようとしない→必ず失業者として街頭に投げだされるだろう

↓

経済生活の全面を支配するにいたった今日の資本主義は、経済的淘汰によって、自分が必要とする経済主体（企業家と労働者）を教育し、作り上げていく。

しかし、歴史的現象の説明の手段としては「淘汰」概念は限界を持つ。

「淘汰」概念が可能となる条件は、

・生活態度や職業観念があらかじめ成立している

・それが個々人の中にばらばらにでなく、人間の集団によって抱かれ

○事例２～フッガーとフランクリン～○

二人における「精神」の違い

《ヤーコプ・フッガー》 商人的冒険心と、道徳とは 無関係の個人的な気質の表明	《ベンジャミン・フランクリン》 倫理的な色彩をもつ性格の原則

↓

本書における「資本主義の精神」という概念

もちろん、ここで言う資本主義とは近代資本主義のことである。

(中国やインド、バビロンなどのそうした「資本主義」には独自のエートスが欠けていた。)

その上、フランクリンの道徳的訓戒はすべて、正直は信用を生むから有益だ、時間の正確や勤勉・節約もそうだ、だからそれらは善徳だというように功利的な傾向を持っていて、たとえば正直の外観が同一の効果を生むとすれば、この外観を代用するだけで十分と述べていた。

しかし、事実はそんなに単純ではない。

フランクリンの誠実な性格や、さらには善徳が「有益」だということが分かったのは神の啓示によるもので、そこに示されているものがひたすらな自己中心的原理の粉飾などではないことは明瞭だ。そればかりか、一切の自然な享楽を厳しく斥けてひたむきに貨幣を獲得しようとする努力は、幸福主義や快楽主義などの観点を全く帯びていず、純粋に自己目的と考えられている。

営利は人生の目的と考えられ、人間が物質的生活の要求を充たすための手段とは考えられていない。このことは資本主義にとっては明白に無条件の基調（ライトモチーフ）であり、それがたたえている雰囲気は一定の宗教的観念と密接な関連を示している。

貨幣の獲得は近代の経済組織の中では職業（Beruf）における有能さの結果であり、現れなのであって、こうした有能さこそが、フランクリンの

に、立ち入らなければならない

｛⇒　・歴史的に解明しようとしている対象の特性に関する問題
　　　・研究の枠内でそうした解明が可能となるのはどのような意味
においてなのかという問題

二　資本主義の「精神」

理念型

《「資本主義の精神」という言葉》

通常、「定義」というものをあたえようとする場合、それは必ず一つの「歴史的個体」でなければならない。

このような歴史的概念は歴史的現実のなかから得られる個々の構成諸要素を用いて漸次に組み立てていくので、確定的な概念把握は研究に先だって明らかにしうるものではなくて、むしろ研究の結末において得らるべきものである。

また、われわれのとらえ方からすれば本質的なものとしてわれわれに見えてくる、そうしたものだけが、資本主義の「精神」の唯一可能な理解であるわけでもなければ、またそうでなければならぬ必要もない。←歴史的概念構成というものの本質に根ざしている。

それゆえ問題となるのは、資本主義の「精神」とよんでいるものの概念的な定義ではなくて、暫定的な例示である。

例示とは研究対象についての理解を得るためにはなくてはならないものである。

○事例1～ベンジャミン・フランクリンの説教～○

この「吝嗇の哲学」に接して感じられる顕著な特徴として、信用できる立派な人という理想、とりわけ自分の資本を増加させることを自己目的と考えるのが各人の義務だという思想。

↓

これは独自な「倫理」である上、「仕事の才覚」といったことが教えられているだけではなく、一つのエートスが表明されている。

することはなかった

⇔フランスのユグノーの教会では最初から改宗者の間に修道士と産業人が数多く見出された

…特徴的な、「類型的」なことがら

↑

スペイン人やサー・ウィリアム・ペティ…「異端」は「商業意欲をかきたてる」

ゴータイン…カルヴィニストのディアスポラ（散在）は「資本主義経済の育成所」

「非現世的なこと」が富裕なことともに諺のようになっている信団、敬虔派信徒

… 宗教的な生活規則 が 事業精神の高度な発達 と結合している

プロテスタンティズムによって喚起された「労働の精神」や「進歩の精神」は、今日一般に考えられている「現世のたのしみ」や「啓蒙主義的」な意味合いに理解されてはならない

↑

そうした現代生活の全局面に対して、古プロテスタンティズムはまっこうから敵対的な態度をとっていた

古プロテスタンティズムの精神 における一定の特徴と 近代の資本主義文化 との間に内面的な親和関係を求めようとする

→古プロテスタンティズムが唯物的あるいは反禁欲的な「現世のたのしみ」を含んでいたことではなく、純粋に宗教的な諸特徴をもっていたことに求めるほかはない

互いに関連するらしく思われるいくつかの諸事実

…まだ不明確な諸事実をできるだけ明確に定式化するということ

↑

そのために、漠然とした一般的な表象の範囲で議論することをやめて、宗教諸思想のもつ固有な特徴とそれら相互の差異という問題の究明

・フランスのカルヴィニストたちは、北ドイツのカトリック信徒と少なくとも同程度に非現世的である

＋

・この両者はいずれも当時支配的な地位にあった宗派に対して同じ性質の背反を示している

〈フランスのカトリック信徒〉	〈ドイツのプロテスタント〉
上層：宗教をまっこうから敵視	上層：著しく宗教に無関心
下層：享楽的	現在世俗の営利生活で興隆しつつある

⇒カトリシズムが「非現世的」だとか、プロテスタンティズムが唯物主義的な「現世のたのしみ」を含んでいるだとかの、漠然とした観念によっては、この問題を解くことはできない

非現世的、禁欲的で信仰に熱心であるということと、資本主義的営利生活に携わるということは、対立するものではなく、むしろ相互に内面的な親和関係にあると考えるべきではないか

外面的な要因

・キリスト教信仰におけるもっとも内面的な形態の代表者（特に敬虔派のもっとも真面目な信者たち）が、商人層の中から数多く生まれた

←「拝金主義」に対する一種の反動

・牧師の家庭からしばしばずばぬけた資本主義的企業家が生まれる

←青年時代の禁欲的教育に対する反動

⇕

↑こうした方法で説明できない場合

練達な資本主義的事業感覚と、強烈な形態の信仰とが、同一の個人ないし集団のうちに同時に存在する場合

…孤立したものではなく、歴史的重要な役割を演じたプロテスタントの教会や信団《ゼクテ》、それら集団のすべてにわたって顕著な特徴

Ex）カルヴィニズムはどの国土においてもある特定の一階級と結合

イギリスの非国教派・クエイカー教徒、ユダヤ人

⇕

ドイツのカトリック教徒

迫害の下にあるか、あるいは単に寛大に扱われているにすぎないような時代を通じても、

顕著な経済的発展を遂げたのを見ることはできない

支配的社会階層であるとき 被支配的社会階層であるとき 多数者の地位にあるとき 少数者の地位にあるとき	〈プロテスタント〉 経済的合理主義への 愛着を示す	⇔	〈カトリック信徒〉 経済的合理主義への 愛着は見られない

こうした生活態度の上に見られる相違の原因は、外面的政治的状況だけではなく、
信仰の恒久的な内面的特質の中に求められるべき

こうした種々の信仰の特性を形づくっている諸要因のうち、このような方向に作用した(また今日でも作用しつつある)のはいったいどれなのか

現代の定式　カトリシズムは「非現世的」であり
プロテスタンティズムは「唯物主義」である

禁欲的な諸特徴→信徒たちは現世の財貨に対してより無関心な態度をとるようになる

過去にさかのぼると事情は非常に異なる

・イギリス、オランダ、アメリカ、のピュウリタンたちは「世のたのしみ」とは正反対の特徴をおびていた
・フランスのプロテスタンティズムなどは、カルヴァン派の教会が示した著しい特徴をもちつづけている
　⇔にもかかわらず、彼らはフランス工業の資本主義的発展のもっとも重要な担い手の一つだった

⇕

原因と結果の関係が明らかにそうではないことを示す現象も見られる

①カトリック信徒の両親が通常その子どもにあたえる高等教育の種類はプロテスタントの両親の場合と

はっきり異なっていることの原因

＝
- ・歴史的な財産条件の差
- ＋
- ・近代的な技術の学習や商工業を職業とするための準備、総じて市民的営利生活向きの学校の課程を終了するものの比率が、プロテスタントよりはるかに小さい
- ・教養課程中心の高等学校でほどこされる教育を特に好む

②カトリック信徒が近代的大工業の熟練労働者層の参加していることの少ない原因

＝それらの人々の教育によって得られた精神的特性、故郷や両親の家庭の宗教的雰囲気によって

制約された教育の方向

〈カトリック信徒の雇職人〉	〈プロテスタントの雇職人〉
手工業にとどまろうとする傾向が強い	工場に流入して熟練労働者の上層や
→親方職人となることが比較的多い	工場経営の幹部の位置に就こうとする

一般的に認められている次のような経験と相反するため、一層注意をひく

＝

一般論

民族的あるいは宗教上の少数者が、

「被支配者」として他の「支配者」集団と対立しているような地位にある場合

…自発的にせよ強制的にせよ政治上有力な地位から締め出されていく

→著しく営利生活の方向に向かう

（政治的活動の舞台で発揮することのできない名誉欲をこの方面で満たそうとする）

Ex）プロイセン地方のポーランド人、ルイ１４世時代のフランスのユグノー、

しかし16世紀のドイツではすでに多数のきわめて富裕な、経済的に発達した地方がプロテスタンティズムに帰依していた

経済的に発展　した諸地方がとくに　　宗教上の革命　を受け入れるべき素質を強く持っていたのは、どういう理由によるのだろうか

↑

経済上の伝統主義からの脱却が、
宗教上の伝統にも懐疑を抱かせ、伝統的権威に対する反抗力の原因となったとも考えられる

⇕

留意しなければならない事実
宗教改革が人間生活に対する教会の支配を排除したのではなく、
むしろ別の形態による支配にかえただけ
※従来の教会の支配…きわめて楽な、ほとんど形式にすぎないもの

⇕

新しい形態…おそろしく厳しく、厄介な規律を要求するもの

↑

当時もっとも富裕で経済的に発達した地方の人々も、同じカトリック教会の支配に服することに
困難を感じていかなかった
(経済的発展が進んでいた諸地方の宗教改革者たちが熱心に非難したのは、人々の生活に対する宗教と教会の支配が少なすぎるということ)

⇕

当時、旧い都市貴族の広汎な層にとって、カルヴィニズムは耐え難いものと感じられた

経済的発展　の進んでいた国々の人々が　ピュウリタニズム　(＝かつてないほどの専制的支配)を受け入れたのはなぜだろうか

近代経済における資本所有と経済的地位を今日プロテスタントたちがより多く占めているという事実は、歴史的な事情(比較的有利な財産条件をすでに与えられているということ)の結果である

資料２　『プロテスタンティズムの倫理と資本主義の精神』の内容分析

第一章　問題

一　信仰と社会層分化

様々な種類の信仰が混在する地方の
職業統計から分かる現象
・近代的企業における資本所有や企業家
・上層の熟練労働者層
（特に技術的あるいは商業的訓練のもと教育された従業者たち）
これらの現象が見られる地域
→ 著しく　プロテスタント的色彩を帯びている

・信仰の種類が国籍の区別と一致し、文化の発達程度とも一致しているような地方

・資本主義の発展の結果、住民たちの間に社会層分化と職業分化が生じた地方

近代の［大商工企業における資本所有や経営、高級労働］に関わる
プロテスタントの数がきわめて大きい
⇒歴史的な理由　…信仰上の所属問題は、経済現象の原因ではなく結果である

そうした経済的職能に携わることは、
資本所有
巨費を必要とする教育
→ どちらか、大抵の場合は両者を必要条件とする

↓

今日では［遺産の所有者］か［ある程度裕福な人］でなければ
携わることは不可能

⇕

円熟期			
1915　51	宗教社会学の研究に没頭		
1916　52	現実政治への発言活発化	『中間考察』『儒教と道教』 『ヒンドゥー教と仏教』 『経済学、社会学の〈価値自由〉の意味』	
1917　53	ロシア革命とドイツ国内改革に関心が集中 講演「職業としての学問」	『古代ユダヤ教』	ロシア 11 月革命
1918　54	ウィーン大学に招聘 ドイツ民主党創設に参画	『新秩序の議会と政府』 『ドイツの将来の国家形成』	ドイツ革命　ドイツ降伏　第一次世界大戦終結
1919　55	ミュンヘン大学に招聘 ハイデルベルクの大学から多数の学生がヴェーバーを慕い移住	「職業としての学問」 「職業としての政治」 「社会学のカテゴリー」 「一般社会経済史」講義	ワイマール憲法制定
1920　56	講演「職業としての政治」 アルコ・ヴァリ事件により右翼学生が反ヴェーバーデモ	『宗教社会学論文集』 『経済と社会』第 1 部	ナチス党綱領採択
6/14	スペイン風邪による急性肺炎にて死去		

再開期			
1904　40	学問活動の一つのピーク アメリカ旅行ハーバード大学の招待	『プロテスタンティズムの倫理と資本主義の精神』第一章執筆 『社会科学的・社会政策的認識の〈客観性〉』 『プロイセンにおける世襲財産問題の農業統計的、社会政策的考察』 『最近10年間のドイツ文献に現れた古ゲルマンの社会組織の性格をめぐる論争』	
1905　41	ハイデルベルクに宗教懇話会創設 ロシア革命を歓迎	短期間でロシア語を学びロシア革命を研究『プロ倫』第2章発表	血の日曜日事件 ロシア第一革命
1906　42	ミュンヘン大・ベルリン大招聘辞退　社会民主党に失望 ネッカー移住	『ロシアにおけるブルジョワ民主主義の状況』 『合衆国における〈教会〉と〈ゼクテ〉』 『ロシアの疑似立憲主義への移行』	
1907　43	北イタリア、オランダ、ベルギー滞在	『ドイツの大学におけるいわゆる〈教職の自由〉』 『工業労働の精神物理学について』 『限界効用学説と精神物理学的根本法則』 『R・シュタムラーの唯物史観の〈克服〉』	
1908　44	ドイツの各大学の慣習を批判		
1909　45	アカデミーの自由を守る運動に参加	官僚制の問題に関心 『古代農業事業』の拡大完成 『社会経済学講座』の編集	
1910　46	ハイデルベルクのネカール河畔邸宅に転居 ドイツ社会学会創設	「経済と社会」 神秘主義の問題意識を抱く	
1911　47	大学教員大会にて教職自由の問題の実践	『世界宗教の経済倫理』に着手 音楽社会学の作成準備	
1912　48	社会政策協会内部の論争	価値判断の科学的取り扱い方論議	ドイツ社会民主党第一党に
1913　49		「価値判断論議についての所信表明」配布 『理解社会学の若干のカテゴリー』	
1914　50	春にイタリア旅行 陸軍大尉として病院勤務		第一次世界大戦開始

活動期			
1892　28	ベルリン大学法学部で私講師（商法）	『ドイツ東エルベの農業労働者の状態』注目される	
1893　29	マリアンネと結婚　ベルリン大学助教授に抜擢	『農業労働制度』	
1894　30	フライブルク大学経済学教授（国民経済学・財政学）	『東エルベ農業労働者の状態における発展傾向』『キリスト教社会主義とは何か？』『取引所Ⅰ目的と外部機構』	『資本論』第３巻 ドレフュス事件
1895　31	教授就任演説『国民国家と経済政策』大きな反響 夏にイギリス旅行　猛烈勉強で妻を驚かせる	『国民国家と経済政策』	
1896　32	国民社会協会の会員になる	『古代文化没落の社会的諸原因』講演 『取引所Ⅱ取引所の取引』	
療養期			
1897　33	ハイデルベルク大学転勤 父母の不和　父と激論し断罪する　父がリガで急死	『国家科学辞典』に「古代農業事情」を執筆	
1898　34	以後精神に変調 春、レマン湖にて療養　夏、ボーデン湖畔サナトリウム	「古代農業事情」を改定	
1899　35	入院　病状悪化 夏学期休講　冬に辞表提出	修道院の集約的研究	フロイト『夢判断』
1900　36	ウラハ精神病院に入院 コルシカ滞在		ニーチェ肺炎で没する
1901　37	３月から１年間南イタリア旅行		
1902　38	北イタリア滞在 ２度目の辞表提出	ロッシャー批判により執筆活動再開	
1903　39	イタリア、オランダ、ベルギー旅行 ハイデルベルク大学を退職し名誉教授に	『社会科学・社会政策雑誌』編集 『ロッシャーとクニース歴史学派経済学の論理的諸問題』執筆	

資料1　マックス・ヴェーバーの生涯表

西暦　年齢	主な出来事	信仰と研究関係	状況
幼少期			
1864　4/21	エルフルトに生まれる　父政治家　母プロテスタント		第1インターナショナルの創設
1866　2	脳膜炎を患う		
1867　3			『資本論』第1巻マルクス
1868　5	父がベルリンの市参事官になりベルリンに移住		
1870　6	歴史とラテン語に興味		
1871　7	ピアノを習う		
1873　9	猫好き　父と弟と旅行 ドイツ歴史地図を作成		普仏戦争（～71） ドイツ帝国成立
1877　13		ドイツ史と古代ローマ史の2論文	
1878　14			社会主義鎮圧法成立
1879　15	ギムナジウムを優秀な成績で卒業	インド・ゲルマン民族史の論文　ベルリンの教会で堅信礼	
青春期			
1882　18	ハイデルベルク大学入学	オットーの説教批判	
1883　19	志願兵として一年過ごす 信仰世界に目を開く	クニースとフィッシャの指導 弟カールの堅信礼への手紙	
1884　20	軍務終えてベルリン大学に通登録	ブルンナー、ギールゲ、ゴールドシュミット、マイツェン、トライチュケ、モムゼンを聴講	
1885　21	ゲッティンゲン大学に登録 シュトラスブルク第一回将校訓練		『資本論』第2巻 『ツァラトストラ』ニーチェ
1886　22	第一次司法試験合格	「索漠たる数年間」	
1887　23	第2回将校訓練	ベルリン大学で研究続行	
1889　25	「中世合名・合資会社史」で博士（法学）の学位取得	社会政策協会に入会	ヒトラー生まれる
1890　26	第二次司法試験合格 ベルリン大学博士号取得	『中世商事会社史』博士論文 第1回福音会議に参加	ビスマルク退陣　社会民主党成立
1891　27	軍事訓練 ローマ法、ドイツ法、商法の教授資格獲得	東エルベ農業労働者に関する調査 『ローマ農業史』ベルリン大学教授職資格取得論文 『キリスト教世界』に投稿	

主要文献

我が国におけるマックス・ヴェーバーに関する文献は膨大な数になる。そのうち、本書を作成するのに使用したもの、参考にしたものを以下に列挙する。いずれも著者が所有する文献である。

基本文献

・M・ウェーバー夫人著　大久保和郎訳『マックス・ウェーバー』みすず書房　一九六三年
・マリアンネ・ウェーバー編　阿閉吉男等訳『マックス・ウェーバー青年時代の手紙上・下』文化書房博文社　一九九五年
・マックス・ウェーバー著　大塚久雄訳『プロテスタンティズムの倫理と資本主義の精神』岩波文庫　一九八九年
・――脇圭平訳『職業としての政治』岩波文庫　一九八〇年
・――尾高邦雄訳『職業としての学問』岩波文庫　一九三六年

参考文献

・青山秀夫『マックス・ウェーバー』岩波新書　一九五一年
・安藤英治『人類の知的遺産六二　マックス・ウェーバー』講談社　一九七九年
・――『マックス・ウェーバー』講談社学術文庫　二〇〇三年

・―――『ウェーバー紀行』岩波書店　一九七二年
・安藤英治等『回想のマックス・ウェーバー』岩波書店　二〇〇五年
・茨木竹二『「倫理」論文解釈の倫理問題』時潮社　二〇一七年
・今野　元『マックス・ヴェーバー―主体的人間の悲喜劇』岩波新書　二〇二〇年
・上山安敏等編訳『ウェーバーの大学論』木鐸社　一九七九年
・大塚久雄『宗教改革と近代社会』みすず書房　一九六一年
・―――『社会科学の方法―ウェーバーとマルクス』岩波新書　一九六六年
・大塚久雄等著『マックス・ヴェーバー研究』岩波書店　一九六五年
・長部日出雄『二十世紀を見抜いた男―マックス・ヴェーバー物語』新潮社　二〇〇〇年
・折原　浩『ヴェーバー学のすすめ』未来社　二〇〇三年
・―――『ヴェーバー学の未来』未来社　二〇〇五年
・―――『学問の未来―ヴェーバー学における末人跳梁批判』未来社　二〇〇五年
・H・ガース／W・ミルズ著　山口和男等訳『マックス・ウェーバー　その人と業績』ミネルヴァ書房　一九六二年
・金井新二『ウェーバーの宗教理論』東京大学出版会　一九九一年
・川上周三『現代に生きるヴェーバー』勁草書房　一九九三年
・姜尚中『マックス・ウェーバーと近代』岩波現代新書　二〇〇三年
・キリスト教史学会編『マックス・ヴェーバー「倫理」論文を読み解く』教文館　二〇一八年
・クリスタ・クリューガー著　徳永恂等訳『マックス・ウェーバーと妻マリアンネ』新曜社　二〇〇七年

・W・シュルフター著　河上倫逸編『ウェーバーの再検討―ウェーバー研究の新たなる地平』風行社　一九九〇年
・住谷一彦・小林　純・山田正範『人と思想78　マックス・ヴェーバー』清水書院　一九八七年
・富永健一『マックス・ヴェーバーとアジアの近代化』講談社学術文庫　一九九八年
・仲正昌樹『マックス・ウェーバーを読む』講談社現代新書　二〇一四年
・野口雅弘『マックス・ウェーバー　近代と格闘した思想家』中公新書
・E・バウムガルテン著　生松敬三訳『マックス・ヴェーバー　人と業績』福村叢書　一九七一年
・橋本　努・矢野善郎編『日本・マックス・ヴェーバー論争』ナカニシヤ出版　二〇〇八年
・橋本　努『解読ウェーバー「プロテスタンティズムの倫理と資本主義の精神」』講談社選書メチエ　二〇一九年
・羽入辰郎『マックス・ヴェーバーの犯罪』ミネルヴァ書房　二〇〇二年
・――『学問とは何か』ミネルヴァ書房　二〇〇八年
・――『マックス・ヴェーバーの哀しみ』PHP新書　二〇〇七年
・P・ホーニスハイム著　大林信治訳『マックス・ウェーバーの思い出』みすず書房　一九七二年
・A・ミッツマン著　安藤英治訳『鉄の檻―マックス・ウェーバー　一つの人間劇』創文社一九七五年
・W・J・モムゼン等編著　鈴木広等監訳『マックス・ヴェーバーと同時代人群像』ミネルヴァ書房　一九九四年
・W・J・モムゼン著　中村貞二等訳『マックス・ヴェーバー　社会・政治・歴史』未来社　一九七八年
・カール・ヤスパース著　樺俊雄訳『マックス・ウェーバー　ヤスパース選集13』理想社　一九六五年
・山之内靖『マックス・ヴェーバー入門』岩波新書　一九九七年

図・表・地図一覧（末尾の数字は頁を示す）

これ以外の写真や絵画はWikipediaの各項目で調べたものを使用した。

ヤ 行

ラ 行

マ　行

タ 行

ナ 行

ハ 行

サ　行

索　引

マックス・ヴェーバー、マックスは頻出のため割愛しました。

著者紹介
黒川知文（くろかわ・ともぶみ）

1954年、香川県小豆島に生まれる。東京外国語大学を卒業し同大学院修士課程修了後、政府奨学生としてイスラエル・ヘブライ大学に留学。一橋大学、エール大学、東京大学の各博士課程で社会史、歴史学、宗教学を専攻。文学博士（東京大学）。宗教史研究の第一人者。愛知教育大学名誉教授。明治学院大学、東京基督教大学、東京大学、東京外国語大学、慶應義塾大学、南山大学大学院、東洋英和女学院大学大学院でも講師を歴任。また、東京神学校、東京基督神学校、エール神学校で聴講してPh. D（神学博士）取得。湖北パークサイドチャペル牧師。中央学院大学教授。賀川豊彦記念松沢資料館館長。
著書（共著含む）に、『歴史のなかの地域』（岩波書店）、『ロシア社会とユダヤ人』（ヨルダン社）、『ユダヤ人迫害史』（教文館）、『ロシア・キリスト教史』（教文館）、『岩波キリスト教辞典』（岩波書店）、『一神教文明からの問いかけ──東大駒場連続講義』（講談社）、『一神教とは何か』（東京大学出版会）、『西洋史とキリスト教』（教文館）、『ロシア正教のイコン』（監修　創元社）、『内村鑑三と再臨運動』（新教出版社）、『歴史観とキリスト教』（新教出版社）、『海外の宗教事情に関する調査報告書』（文化庁）、『現代社会とキリスト教』（慶應義塾大学出版会）、『日本史におけるキリスト教宣教』（教文館）、『ユダヤ人の歴史と思想』（ヨベル）、『人々がつなぐ世界史』（ミネルヴァ書房）等がある。

マックス・ヴェーバーの生涯と学問　神からの使命に生きて

2021年03月31日 初版発行
2021年04月15日 再版発行

著　者 ── 黒川知文
発行者 ── 安田正人

発行所 ── 株式会社ヨベル　YOBEL, Inc.
〒113-0033 東京都文京区本郷4-1-1　菊花ビル5F
TEL03-3818-4851　FAX03-3818-4858
e-mail : info@yobel.co.jp

印刷 ── 中央精版印刷株式会社

配給元—日本キリスト教書販売株式会社（日キ販）
〒162 - 0814　東京都新宿区新小川町9 -1
振替 00130-3-60976　Tel 03-3260-5670

ISBN978-4-909871-40-4 C0010

【書評再録：本のひろば　二〇一九年二月号】

四六判・三三六頁・本体一八〇〇円＋税

民族的苦難とメシアニズムの因果関係を極めて包括的・系統的に示す！

黒川知文著『ユダヤ人の歴史と思想』

評者：金井新二

現在の世界の動きの中で、イスラエルに関するものは最も頻繁にまたは周期的に現れてくるニュースと言えるだろう。あまり明るい内容ではないのだが、ともかく現代のユダヤ人国家イスラエルの存在は絶えず世界の人々の関心を呼び起こさずにはいない。

帝政ロシアに生じた凄惨なユダヤ人迫害であるポグロムの研究から研究者の道を辿り始めた本書の著者は、今やわが国のユダヤ史研究を代表する一人である。そのような著者はこの書によってその研究の総括に入ったのかもしれない。書名が「ユダヤ教の」ではなく「ユダヤ人の」であることから私はふとそう思ったのである。宗教研究から人間研究になったと感じたのである。

本書の内容は平明な筆致で述べられたユダヤ人の歴史である。それは驚くべきという表現が決して大げさではないような民族的苦難の歴史である。それをこのように網羅的に辿った研究はわが国では本書のみであろう。さらに本書の価値を大きく高めているのは、民族的苦難とメシアニズム（救世主信仰）の因果関係を極めて包括的かつ系統的に示したことである。しかも迫害者と被迫害者の共生を最終目標として設定していることも含めて、今後多くの研究を裨益するところ大であろう。また興味深い表や図が沢山載っていることもこの書の論述に大きな説得性を与えている。

ただ一つ気になったことは、本書はヘレニズム期のユダヤ人の歴史から始まるのだが、神話的時代というべき旧約聖書の創造物語やそれに続くアブラハムとその子らの伝承、出エジプトの物語と様々な王朝伝説等々には触れない。評者はユダヤ人の苦難の歴史はあの出エジプト伝承から始まると思っているのだが、あえてそこから物語を始めないところに著者の強い方法的意図があったといえよう。ユダヤ人の社会史という視座がそれである。だとすれば、それによって、著者にはこの書を終えてなお残る一個の課題が残されたと言えるかもしれない。それはユダヤ人の苦難と救済の信仰思想史とでも呼べるもので、その場合はおそらく本書では割愛されたものが冒頭に回復されて現れるであろう。ともかく、本書はユダヤ人と呼ばれた人々の具体的現実的な歴史ないし社会史を描くことに自己限定しているのである。

本書を読み進めるうちに評者のうちに生じた強い一つの関心事について述べることが許されるなら、それは、このような苦難の民族また民族史が世界にたいして持つところの意義という問題である。世界への貢献といっても良い。著者はユダヤ人の群を抜くノーベル賞受賞者数を指摘しているが、確かにそれは驚くべき数字である。それは長く果てしない迫害と苦難の歴史がこの民族にもたらした意図せざる結果、いや、この民族を通して世界が与えられた予想外の賜物だったのではあるまいか。このように考えながら、私の内に浮かんだもう一つの光景があった。それはナチスの迫害下に起こったある印象的な事件のことである。一九三九年の五月に千人ほどのユダヤ人がハンブルグ港からキューバのハバナに向かって出帆した。しかし、かれらは目的地のハバナ港で下船を拒否され、隣国アメリカも接岸することを許さなかった。こうして、入港を打診された各国は例外なくナチス・ドイツを憚ってしり込みしたのであった。船は仕方なくヨーロッパへと戻り、いよいよ出航地のハンブルグに戻るしかないというその前夜、英仏蘭などの連名でどこでも望む港に上陸して良いとの電報が入るのである。このように、多くの港で下船を拒まれて大海を彷徨うユダヤ人たちの姿は、本書が描いたユダヤ人の歴史的全体像と重なり合う。かれらはどこに投錨しどこで安らかな生活を始められるのか。そもそもその放浪は何のためなのか、それを強いる世界とは何なのか。一体いかなる権限によってそうするのか。かれらの歴史は実に謎めいており考えねばならないことだらけである。いずれにしても、ユダヤ人が現在のイスラエル国の建設によって膨大なパレスチナ難民を生みつつ、周辺諸国と強硬に対決する姿を見ても、かれらが無事に安全な港に入ったようには見えないのである。

（書評当時：東京大学名誉教授　賀川豊彦記念松沢資料館館長）